大学生の内定獲得

就活支援・家族・きょうだい・地元をめぐって

梅崎 修・田澤 実 編著

法政大学出版局

目　　次

序　章　大学生の内定獲得に対するアプローチ　3

　　1　はじめに　3
　　2　本書の構成　4
　　3　支援の現場に向けて　8
　　4　本書を読み進める中での注意　11

第Ⅰ部　就職活動支援編　13

第1章　学生の就職意識はどのように変化したのか？　15

　　1　問題の所在　15
　　2　環境要因の変遷　16
　　3　分析に使用するデータ　18
　　4　学生の就職意識の変化　19
　　5　結　語　26

第2章　就職活動時における過去の回顧と未来の展望　29

　　1　問題の所在　29
　　2　方　法　31
　　3　結果と考察　32
　　4　総合考察　38

第3章　SNS は内定獲得に役立つのか？　　41

　1　問題の所在　　41

　2　先行研究　　43

　3　分析に使用するデータ　　44

　4　実証分析　　46

　5　結　語　　52

第4章　教員の就職活動へのかかわり方　　57

　1　問題の所在　　57

　2　先行研究　　59

　3　分析に使用するデータ　　62

　4　実証分析　　64

　5　結　語　　70

第5章　大学院進学は内定獲得を促すか？　　75

　1　問題の所在　　75

　2　先行研究　　78

　3　新規大学院卒労働市場とは　　79

　4　分析に使用するデータ　　81

　5　実証分析　　84

　6　結　語　　93

第Ⅱ部　家族・きょうだい・地元編　　99

第6章　就職活動中の親子関係　　101

　1　問題の所在　　101

　2　先行研究の整理　　102

　3　理論的枠組みと本章の仮説　　104

　4　量的調査　　105

5 考　察　*111*

6 結　語　*114*

第7章　学生は親とのかかわりに満足しているのか？　*117*

1 問題の所在　*117*

2 方　法　*119*

3 結果と考察　*121*

4 総合考察　*127*

第8章　地元志向が就職活動に与える影響　*131*

1 問題の所在　*131*

2 方　法　*134*

3 結果と考察　*137*

4 総合考察　*141*

第9章　きょうだい出生順と地域移動の希望　*145*

1 問題の所在　*145*

2 先行研究　*146*

3 方　法　*148*

4 分析結果　*151*

5 考　察　*153*

6 結　語　*155*

第10章　結婚観が方向づける学生の就職活動　*159*

1 問題の所在　*159*

2 先行研究　*160*

3 分析に使用するデータ　*164*

4 性別で見た結婚に対する希望　*165*

5 就職活動への影響　*168*

目　次　*v*

6 結 語 170

あとがき 175
初出一覧 178
索 引 179

大学生の内定獲得

―就活支援・家族・きょうだい・地元をめぐって―

序　章

大学生の内定獲得に対するアプローチ

1　はじめに

「就活で内定を取るためにはどうすればいいのですか？」

　この問いにアプローチをする "就活本" は数多い。「業界研究」「エントリーシートの書き方」「面接対策」などのキーワードが用いられた書籍が就職活動シーズンになると大学の書籍コーナーに目立つように置かれる。就活生たちはもとより，彼ら彼女らの親たちにとっても就活本は気になる存在であるが，内定獲得の後に忘れられるものでもある。

　本書は，どうすれば内定を取れるかというノウハウを示す本ではない。本書の目的は，どのような学生が内定を獲得しているのかについて，日本全国の就職活動を行う大学生のデータを用いて実証的に明らかにすることである。

　内定獲得をめぐる事柄についてはさまざまな「声」がある。しかし，その「声」が本当に正しいものであるのかを示す根拠が不明な時もあれば，十分でない時もある。

　キャリア教育やキャリア支援の実施者および関係者も，「誰が言い始めたのか分からないが，世間ではこのように言われている」という内容について盲目的に従っていることがあるかもしれない。また，「私が学生の時にはこうだった」という経験が，就職活動中の学生の正しい理解の妨げになることがあるかもしれない。たった一人の過去の経験で現在の複雑な新卒労働市場を語ることはできない。本書で紹介する数々の知見は，大学生の内定獲得にかかわる多くの人々に，その根拠を提供する。

　加えて本書では，キャリア教育・キャリア支援の実施者および関係者を

「就職活動の支援者」として幅広く捉え，その効果の実証を試みる。大学教員などのキャリア教育科目の授業担当者，キャリアセンターなどの大学職員はもちろんのこと，さまざまな現場で学生の就職活動の相談を受けるキャリアコンサルタント等の有資格者も含まれる。さらに，学生の保護者，きょうだいなどの家族も支援者に含めて考えることができる。支援者たちは，学生の就職活動にどのように関わっているのだろうか。

また，学生の意思決定に大きな影響を与えうる要因には，地域による差もあるであろう。そのように考えれば，地元という要素は，就職活動を決定づけると言えよう。たとえば，地元が都市圏であるのか否かなどはひとつの指標となる。

本書では，以上のような様々な要因を考慮して，それらが大学生の内定獲得にポジティブな影響を与えるのかについて実証的に明らかにする。このような実証的研究の積み重ねが，冷静な分析と建設的な議論を生み出し，キャリア教育やキャリア支援の改善に何かしらの形で役立つと考えている。

なお，われわれ研究メンバーは，2013 年に梅崎・田澤（2013）と平尾・梅崎・松繁（2013）を刊行し，2019 年には梅崎・田澤・佐藤（2019）を刊行する予定である。本書と合わせて参照し，比較していただければ幸いである。現在も，われわれの実証研究は続いているし，今後も続いていく。

2　本書の構成

本書は以下のような 2 部 10 章から構成される。全体の流れを以下に示す。

まず，第Ⅰ部「就職活動支援編」では，学生の就職意識が時代の経過に伴ってどのように変化したのか整理し（第 1 章），学生の過去の捉え方，未来の展望の仕方（第 2 章）を明らかにする。その後，SNS の利用（第 3 章），教員と学生の関わり（第 4 章），大学院進学（第 5 章）の 3 点が，内定獲得に与える影響を明らかにする。各章の要約を下記に示す。

■第Ⅰ部　就職活動支援編

第1章　学生の就職意識はどのように変化したのか？

　リーマンショック前後の景気変動に焦点を当て，キャリア教育・キャリア支援の変化と学生の意識変化を整理する。不況期に大手企業を志向する学生は減少しており，中堅・中小企業を志向する学生が増加していることを示す。また，中小企業を希望している学生のほうが，大企業を希望している学生よりも「やりがい」があって「人のためになる仕事」をして「楽しく働きたい」と思っていることを示す。学生が中小企業を希望する際に，大企業とつり合いの取れるだけの価値があるかどうかを見ている可能性を示唆する。

第2章　就職活動時における過去の回顧と未来の展望

　就職活動開始時の大学3年生に，過去，現在，未来で大切なことについての自由記述とキャリア意識を尋ねた調査を用いる。キャリア意識が高い学生は，過去に大切だったと思えるような人と会い，何かに努力をし，経験として残っている者が多く，現在もなお，大切と思える周りの人と会っている者が多く，そして，これから大切になる何かしらの力について説明ができる者が多いと考えられる。一方，キャリア意識が低い学生は，過去に友達と楽しい時間を過ごしたことを大切と捉えており，現在大切なものを見つける姿勢を示し，これから自立し，見据えていくことを大切と捉えていると考えられる。

第3章　SNS は内定獲得に役立つのか？

　就職活動中の学生に，就職活動における実名制 SNS（Facebook）利用について尋ねた調査を用いる。第一に，Facebook は，主要国立大学での利用率が比較的高く，それらや主要私大を除いた他の大学での利用率が比較的低いこと，第二に，就職活動における Facebook の主な用途は SNS 上の企業ページの閲覧や，同学年の就職仲間とのネットワーキングなどに留まっていること，第三に，Facebook の利用は内々定取得率に特段の影響を与えていない可能性を示す。総じて，就職活動の成否に対する効果として実名制の

SNS に期待することには慎重な目を向ける必要があることを述べる。

第4章　教員の就職活動へのかかわり方

　文系の大学3年生に大学教員との交流の機会がどれくらいあるかについて尋ねた調査を用いる。国公立，難関私立，その他私立に分けて推定を行うと，その他私立のみ，教員との関わりがあることが内々定獲得に影響を与えていることを示す。以上の結果から，非難関大学では，教員はハブとして学外者と通じることで，学生の新しい異質なソーシャル・ネットワーク形成に寄与できる可能性があり，その関わりの程度が就職決定に重要な役割を果たしている可能性を述べる。

第5章　大学院進学は内定獲得を促すか？

　大学4年生と修士2年に内々定獲得および就職活動量を尋ねた調査を用いる。初職の獲得の優位性は，大学院卒（理系）＞大卒（理系）・大卒（文系）＞大学院卒（文系）という順になることを示す。また，理系の場合，内々定獲得に対して大学院卒になることが正の影響を与えているのに対して，文系の場合，内々定獲得に対して，大学院卒になることが負の影響を与えていることを示す。すなわち，大学院に進学することによる"就職プレミアム"があるのは理系に限られることを指摘する。

■第Ⅱ部　家族，きょうだい，地元編

　次に，第Ⅱ部「家族，きょうだい，地元編」では，保護者の関わりが内定獲得やキャリア意識に与える影響（第6章，第7章），地元志向がキャリア意識に与える影響（第8章），きょうだいの存在が地元残留に与える影響（第9章），結婚観が内定獲得に与える影響（第10章）を明らかにする。各章の要約を下記に示す。

第6章　就職活動中の親子関係

　就職活動開始時の大学3年生に，親がどのように就職活動に対して関わっ

ているのかについて尋ねた調査を用いる。相談を軸とするような関わりは親子関係に正の影響があるが，進捗を管理しようとする関わりは親子関係に負の影響を与えていることを示す。そして，その構築された親子関係が内々定獲得に正の影響があることを示す。就職活動で疲弊した子どもをリラックスさせ，また送り出すようなベースとしての機能が親に求められることを述べる。

第7章　学生は親とのかかわりに満足しているのか？

就職活動開始時の大学3年生に，親の就職活動への関心度，親とのかかわりの満足度，キャリア意識を尋ねた調査を用いる。親が就職活動への関心を持ち，そのかかわり方に学生が満足していることが，学生が明確なビジョンを持ち，積極的にアクションをすることと関係していることを示す。また，学生の満足度が高い親の関わり方は学生のほうが主体的に行動していると考えられるのに対し，学生の満足度が低い親の関わり方は学生のほうが受動的に行動していると考えられることを示す。

第8章　地元志向が就職活動に与える影響

就職活動開始時期の大学3年生に，高校所在地，大学所在地，希望勤務地，キャリア意識，親とのかかわりについて尋ねた調査を用いる。非三大都市圏において，高校所在地，大学所在地，希望勤務地がすべて同じ都道府県の者（地元志向の者）はキャリア意識が相対的に低いこと，また，将来自分がやってみたい仕事について保護者と相談するようなかかわりの頻度が相対的に低いことを示す。これらの結果から，地元志向からの変化可能性を視野に入れた支援を学生および保護者に対して行う必要性を提起する。

第9章　きょうだい出生順と地域移動の希望

就職活動開始時の大学3年生に，きょうだい出生順，就職時の残留傾向の有無を尋ねた調査を用いる。長女においては就職時に地元に残留する傾向がみられることを示す。すなわち，現代においては，長子および一人っ子の女子がキャリアの制約を受けている可能性を指摘する。これらの結果から，大

学生の職業プランだけでなく，親世代に対するケアの配慮等，私的背景を理解した上での多面的な支援の必要性を述べる。

第 10 章　結婚観が方向づける学生の就職活動

就職活動開始時期の大学 3 年生に，共働き希望の有無を尋ねた調査を用いる。男子学生よりも女子学生のほうが共働き世帯を希望する者が多く，男女によって共働きを希望する理由にも違いがみられることを示す。また，男性のデータでは，国公立大学の場合，共働きを希望することは大企業の内定獲得に正の影響がみられるものの，その他私立大の場合，内定獲得に負の影響がみられることを示す。その他私立大学の男子学生は，内定獲得という短期の成功を得ているために，一人稼ぎ専業主婦世帯への希望を変えないことが示唆される。「俺が稼いでやる」と考え，内定獲得に実績がある男性に対して，結婚や育児を踏まえた長期的な予期につながるキャリア教育の必要性を述べる。

3　支援の現場に向けて

本書の分析結果は，前節でまとめた通りである。詳しくは一つ一つ論文を読んでほしいが，専門的な統計手法に戸惑う方もおられるかもしれない。分析結果を支援の現場にフィードバックするならば，以下のようにまとめられる。ここでの分析結果は，支援のノウハウでも答えでもないが，われわれは，実証結果が支援を考える基盤となると考えている。

（1）内定獲得に与える影響
まず，本分析では，以下の要因が内定獲得に有効であることが明らかになった。

内定獲得に有効な要因
　⇒大学教員と交流の機会を多く持つこと（その他私立大の学生の場合）

【第4章】
⇒大学院に進学すること（理系の場合）【第5章】
⇒就職活動で疲弊した子どもをリラックスさせ，また送り出すようなベースとしての機能を親が持つこと【第6章】
⇒共働きを希望すること（国公立大学の男子学生の場合）【第10章】

　本書では，大学生を一括りにするのではなく，性別，文理の選択，大学の種類等も考慮して分析をした。これらの組み合わせの条件が揃う場合に限定されるが，内定獲得のために，大学教員ができること，学生個人ができること，親ができることを明らかにしたといえる。

　また，内定獲得に有効と判断できる結果が得られなかった要因には下記のようなものがあった。

内定獲得に有効とはいえない要因
⇒実名制SNSの利用【第3章】
⇒大学院に進学すること（文系の場合）【第5章】

　本書では，就職活動におけるFacebookの主な用途はSNS上の企業ページの閲覧や，同学年の就職仲間とのネットワーキングなどに留まっており，Facebookの利用は内々定取得率に特段の影響を与えていない可能性を示した（第3章）。また，文系の場合，内々定獲得に対して，大学院卒になることが負の影響を与えていることを示した（第5章）。

　近年，SNSの多様化が進んでおり，SNS利用が就職活動に与える影響はあらためて検討する必要があるかもしれない。ただ，本書で得た知見を応用すれば，「どのSNSを使えばよいのか」という視点よりも，「SNSをどのように利用しているのか」という視点のほうが重要であると思われる。「そのSNSを利用すること」と「学生がそのSNSを利用してすること」は同じではない。

　また，大学卒業後に就職するのか，大学院に進学するのかで悩む学生は，いつの時代も一定数いると思われる。支援者はそのような学生を前にしたと

きに，就職活動そのものの支援のみならず，本人の大学院進学の動機も確認しておく必要があろう。仮に，「大学院進学したほうが就職に有利だから」と文系の学生が主張するならば，大卒時の就職活動の支援のあり方にも影響するであろう。

(2) 家族・きょうだい・地元が与える影響

　先行研究では，就職活動時にキャリア意識が高いことは，就職活動で良い結果をもたらすことが示されている（例：梅崎・田澤 2013）。このことも踏まえると，下記の要因も学生の就職活動で有効になることが考えられる。

　　⇒保護者が就職活動への関心を持つこと。そして，そのかかわり方に学生
　　　が満足している状態をつくること【第7章】

　また，地元が与える影響としては下記の点があることが明らかになった。

　　⇒非三大都市圏に大学所在地がある場合，高校，大学，希望勤務地がすべ
　　　て自県の学生のキャリア意識が低く，保護者と相談するようなかかわり
　　　の頻度が相対的に低い【第8章】
　　⇒長女（長子および一人っ子の女子）は就職時に地元に残留する傾向がみ
　　　られる。すなわち，現代においては，女子がキャリアの制約を受けてい
　　　る可能性がある【第9章】

　地元が都市圏なのかそうでないのか，性別が男性なのか女性なのか，自分にきょうだいがいるのかどうか，これらは自らが選択できる要因ではない。主体的にキャリアを選択しようとする際に，場合によってはこれらの要因が制約にもなりうる点を本書は示した。

(3) 支援者ができること

　上記までに示してきた結果以外にも，本書では以下のような示唆に富む結果を得た。

第1章では，中小企業を学生に勧める際には，内定のしやすさだけを情報提供するのではなく，学生自身の「やりがい」「人のためになる仕事」「楽しく働きたい」などの価値観にも注目していく必要性を述べた。

第2章では，キャリア意識の高低によって経験となる過去を有している程度に差があることを示し，学生の就職活動が始まる前までに，大切だったと思えるような人との出会いの場を設けること，友達と楽しい時間を過ごすだけの生活にしないことの重要性を指摘した。

これらの点は，キャリア教育やキャリア支援の実施者およびその関係者など，多くの人々が関わりうる事柄であると思われる。

4　本書を読み進める中での注意

（1）調査年度の違いについて

本書で扱った調査は，時系列的比較をする第1章を除けば，2012年卒から2017年卒の学生を対象にしている。周知のようにこの間には景気変動が含まれるため，景気の与える影響が調査年度によって異なっている可能性がある。本書で，この景気の影響について統一した問題意識の書き方に変更することは困難であったので，各章それぞれの初出の原稿を改変しないことにした。すなわち，各章それぞれの初出の時期に合わせて問題意識が書かれていることになる。このような事情を考慮して頂ければ幸いである。

（2）インターネット調査が含まれる理由

本書では，ある就職情報会社（株式会社マイナビ）が登録会員にインターネットを通じて実施したアンケート調査の個票データを分析に用いる。

インターネット調査については従来からいくつかの問題が指摘されている。この問題に対する筆者らの立場は前回の書籍（梅崎・田澤 2013）でも述べたが，ここでも述べておくことにする。

第一に，インターネット調査では，情報機器（パソコンやスマートフォン）を通じてインターネットを日常的に使用している者に回答者が限定され

序　章　大学生の内定獲得に対するアプローチ　*11*

るというサンプリングの偏りが指摘される。しかし，本研究の調査回答者の大学生や大学院生は，就職活動等でパソコンやスマートフォンを利用していることが一般的であり，サンプリングのバイアスにはつながらないと判断した。

　第二に，インターネット調査は，もともと調査会社のモニターになりやすい個人属性を持つ者が調査対象者に多く含まれるためにデータが偏ることが指摘される。しかし，現在，いわゆるランダム・サンプリングによる質問票の配布はきわめて低い回収率しか期待できないことが知られている。調査の回答者も，回答することを好むという個人属性をもつ者に偏っている可能性が高い。そのため，質問票の配布がランダム・サンプリングであったとしても代表性が高いとは必ずしもいえない。

　第三に，その他の要因による予期しないサンプリング・バイアスについても，心理学研究などでは一般に数百人レベルのより小規模の調査回答者数で質問紙研究を行うことが多いということに比較すれば，全国規模で数千人単位の大学生に対する調査を行った本調査のほうが，大数の法則により，その他のさまざまな要因をランダム化がなされていると想定できる。

　以上の議論に基づいて，本研究では，調査会社によるインターネット調査の手法は不適切ではないと判断した。

引用文献

　梅崎修・田澤実編著（2013）『大学生の学びとキャリア──入学前から卒業後までの継続調査の分析』法政大学出版局

　梅崎修・田澤実・佐藤一磨編著（2019, 刊行予定）『学生と企業のマッチング──データに基づく探索』法政大学出版局

　平尾智隆・梅崎修・松繁寿和編著（2013）『教育効果の実証──キャリア形成における有効性』日本評論社

第Ⅰ部

就職活動支援編

第 1 章

学生の就職意識はどのように変化したのか？

1　問題の所在

　本章の目的は，景気変動に伴う学生の就職に対する意識変化を時系列データによって把握することである。近年の大きなインパクトは，2008 年に起こったリーマンショックであろう。本章では，この前後を比較する。

　景気変動期の変化を把握するためには，毎年同じ質問をしているデータが必要である。たとえば，新入社員を対象にした意識調査には，日本生産性本部・日本経済青年協議会による「働くことの意識」調査がある。同調査は，昭和 44（1969）年度より継続的に実施されており，わが国で最も歴史がある（日本生産性本部・日本経済青年協議会 2012）。「人並み以上に働きたいか」「仕事中心か，（私）生活中心か」「定年まで働きたいか」などの質問項目があるため，就職意識の経年変化を把握できる。本章で 2004 年から 2012 年に注目してみると，「人並みで十分」と回答している者が「人並み以上」よりも多い傾向であったのだが，平成 24（2012）年度で逆転していること，どの年度も仕事と生活の両立が大多数を占めていること，定年まで働きたいという回答が増加傾向にあることがわかる。しかし，新入社員のデータは，就職活動時の学生の意識を反映したものではなく，社会人になった後の経験が記憶を再構成している可能性がある。そこで，就職活動を行う学生を対象にして継時的にデータを蓄積している研究に注目する必要があると考えられるが，そのような研究は数少ない。

　この 10 年間は，経済活動としては大きな景気変動を経験し，その変動に影響を受けながらキャリア教育・キャリア支援も変化してきた。本章では，これらの景気変動やキャリア教育・キャリア支援の変容を踏まえながら，学

生の就職意識の変化を分析する。景気動向などの変遷は，経済学の分野で多くの調査蓄積がある。しかし，これらの景気動向の影響を受けながらキャリア教育・キャリア支援がどのように変化してきたのかについては，十分に分析がされていない。刻々と変化している景気動向，特に新卒労働市場における需給状況に応じてキャリア教育・キャリア支援が行われているといえよう。これは，教育や支援ゆえの即時性といえるが，同時にここで見えなくなっているのは，学生側の意識の長期的変化ではないだろうか。

　たしかに，学生の就職意識は，景気動向の影響だけでなく，キャリア教育・支援の影響も受ける。しかし，このような変化は一面的な印象論で語られたり，過度に単純化して語られたりすることがある。そのような場合，時代による学生の意識変容がよくわからないままにキャリア教育・キャリア支援が行われる危険性があるといえよう。

　本章では，学生の就職意識に絞って時系列データを整理する。このような資料を公開することはキャリア教育・キャリア支援を議論するうえで役立つと考えられる。

2　環境要因の変遷

(1) 景気と新規大卒労働市場

　2002年から2008年までは長期の景気上昇期であり，求人倍率が上昇し，なおかつ失業率も低下していた。しかし，リーマンショック後，求人倍率は大幅に低下し，失業率も急上昇した。大学の就職者比率も，2008年の景気悪化を受けて下降した。それと同時期に進学も就職もしていない者が増加した。このような新規大卒就職市場の厳しさを反映して，学生が中小企業へ目を向ける必要性，すなわち，「中小企業とのミスマッチ論」が主張された（e.g. 海老原2012）。

　たしかに，中小企業の求人倍率が高いのは事実である。しかし，リクルートワークス研究所の「大卒求人倍率調査」（2012）によれば，特に1000人以上の企業と1000人未満の企業では変化の仕方が異なることを示している。

16　　第I部　就職活動支援編

1000 人以上の企業の場合，2008 年 3 月卒で 0.77 倍であったが，2013 年 3 月卒で 0.73 倍であった。それに対して，1000 人未満の企業では，2008 年 3 月卒で 4.22 倍であったが，2013 年 3 月卒：1.79 倍であった。さらに，2010 年卒からしかデータはないが，300 人未満の企業の場合は，2010 年 3 月卒で 8.43 倍であったのが，2013 年 3 月卒で 3.27 倍と落ち込みが大きい。この落ち込みは，中小企業の求人の減少が大きいとも，学生が中小企業を希望するようになったとも解釈できる。これら二つの解釈の当てはまり具合を検証するには，学生の側の中小企業に対する意識を把握する必要がある。本章では，企業規模に焦点を当てて学生の就職意識を分析する。

(2) キャリア教育・キャリア支援

　景気の変動に応じてキャリア教育・キャリア支援に関連した政策が展開された。それらは，第 1 期（1999 年〜2007 年），第 2 期（2007 年〜2009 年），第 3 期（2009 年〜2012 年）の緩やかな三つの時期に区分することができる。

　第 1 期は，若者の就業意欲の低下や職業観の未成熟，就業能力の不足が，就職難やフリーター増加の原因として強調された時期である。政策的には，2003 年の若者自立・挑戦会議の発足以降の一連の施策が，若者の意識と能力の鍛え直しをめざし，厚生労働省の「就職基礎能力（YES-プログラム）」（2004 年）や経済産業省の「社会人基礎力」（2006 年）の提唱などが続いた。学生向けの施策としては，文部科学省の GP 事業に誘引された各大学における取り組みが積み上げられた。

　第 2 期には，そうした第 1 期の議論や支援の枠組みが，供給側に原因を求めすぎてきたことを批判し，需要側の要因を重視する見解が登場した（e.g. 本田 2005）。政策的には，若年者の雇用拡大をはかる厚労省による施策と合わせて，新卒時に正規雇用からあぶれた若者や学生を含めた若者全体に対する社会的自立・就労支援策の整備が進んだ。地域若者サポートステーションの設置（2007 年）や子ども・若者育成支援推進法（2009 年）の成立は，その延長上に位置づくものである。

　その後，一時は持ち直しの気配を見せていた景気動向が，リーマンショックによって再び低迷に向かい，就職状況が急速に悪化した。これが第 3 期で

あるが，先述したように，この時期には有力な議論としてミスマッチ論が台頭することになった。政策的には，経済同友会（2012）の提言も挟んで，大学との連携も含んだハローワークによる新卒応援の諸事業が展開され，基本線は，政府の若者雇用戦略（2012 年）にも受け継がれた。

　ここで注目したいのは，現在に至るまでの第 3 期である。第 3 期の議論は，就職難の原因を，第 1 期とは様相を異にしつつ供給側の意識の問題に求めるが，それは妥当な認識であるのかについて本章では焦点を当てる。

3　分析に使用するデータ

　本章が扱う調査データは，全国の学生の就職意識調査の 9 年分のデータである[1]。調査対象者の総数は，翌年度卒業見込みの全国の大学 3 年生と大学院修士課程 1 年生 119,448 名であった。調査期間は，就職情報サイトがオープンする 10 月[2]から最長で 2 月末までの間である。調査は，就職情報サイトの Web 入力フォームと郵送回収の併用により回収された[3]。各年度のサンプル数等を表 1 に示す。2005 年卒から 2013 年卒まで 9 年間のデータを合計し，属性別の内訳を見ると，男子が 45.3%，女子が 54.7% であり，文系は 70.4%，理系は 29.6% であった。

表 1　調査対象の属性

	対象年度	2004	2005	2006	2007	2008	2009	2010	2011	2012	合計
総数	人数	7,845	9,220	15,446	15,327	17,192	22,116	14,825	10,769	6,708	119,448
	割合（%，9 年間合計）	6.6	7.7	12.9	12.8	14.4	18.5	12.4	9.0	5.6	100.0
男子	人数	3,072	3,653	7,111	7,318	8,444	10,920	6,141	4,663	2,756	54,078
	割合（%，当該年）	39.2	39.6	46.0	47.7	49.1	49.4	41.4	43.3	41.1	45.3
女子	人数	4,773	5,567	8,335	8,009	8,748	11,196	8,684	6,106	3,952	65,370
	割合（%，当該年）	60.8	60.4	54.0	52.3	50.9	50.6	58.6	56.7	58.9	54.7
文系	人数	5,837	6,728	11,205	10,514	12,102	14,943	10,846	7,225	4,698	84,098
	割合（%，当該年）	74.4	73.0	72.5	68.6	70.4	67.6	73.2	67.1	70.0	70.4
理系	人数	2,008	2,492	4,241	4,813	5,090	7,173	3,979	3,544	2,010	35,350
	割合（%，当該年）	25.6	27.0	27.5	31.4	29.6	32.4	26.8	32.9	30.0	29.6

注）表の対象年度は調査実施年であり，2012 年度は 2013 年卒を示す。

18　第 I 部　就職活動支援編

この調査の質問には，学生の就職観，大手企業志向かどうか，就職先企業に求めるもの，人気企業ランキングなどがある。本章では，就職活動を行う学生の就職意識について，これらの指標から検討する。この調査は，学術研究のために行われたものではなく，継続性を重視しているので，分析に使える質問項目が少ないという問題がある。その一方で，9年間という長期にわたる全国規模の時系列データは景気変動の影響を把握するために貴重な調査と考えられる。

4　学生の就職意識の変化

（1）人気企業

　はじめに，2005年から2011年までの人気企業ランキングのデータを分析する（企業名は調査時点）。なお，このアンケート調査は，5社連記方式である。調査方法としては，就職情報誌にアンケートを同封して郵送で回収，就職サイト上の入力フォームによる回収，就職イベント会場にてアンケートを配布・回収を併用している。

　まず，理系の結果を表2に示す。理系の学生の場合，製造業に人気が偏っていることがわかる。製造業内で人気企業にバラツキはあるが，文系と比べると人気順位の変動は小さいといえる。2008年までは，トヨタ自動車が最も人気があったが，その後は味の素やカゴメのような食品，ソニーやパナソニックのような家電が高い人気であった。製造業の中でも，相対的にB to C[4)]企業の人気が高いといえる。東芝や日立製作所は，B to B[5)]の事業がメインの企業ではあるが，高い人気はB to C事業が影響していると考えられる。

　次に，文系の結果を表3に示す。文系の学生の場合，理系と比べても人気順位の変動が大きいことがわかる。B to C企業の人気が高いことが文系でも確認できるが，その一方で三菱東京UFJ銀行や三井住友銀行のような都市銀行を挙げている学生もいる。2005年からの大きな変化としては，マスコミや広告を希望する学生が減少してきたことが挙げられる。2005年には，20位以内に5社が入っているが，2011年には，1社（20位）のみである。

第1章　学生の就職意識はどのように変化したのか？　　*19*

これは，マスコミや広告業界における採用の少なさなどが明らかになり，就職活動時にはすでに諦めるようになったためとも考えられる。

　なお，当然ではあるが，文系と理系ともに大規模の有名企業に人気が集中していることもわかる。

表2　理系学生の就職人気企業ランキング

順位	2005年	2006年	2007年	2008年	2009年	2010年	2011年
1	トヨタ自動車	トヨタ自動車	トヨタ自動車	トヨタ自動車	ソニー	味の素	パナソニック
2	日立製作所	サントリー	日立製作所	資生堂	パナソニック	パナソニック	味の素
3	サントリー	日立製作所	資生堂	ソニー	資生堂	カゴメ	ソニー
4	ソニー	資生堂	サントリー	カゴメ	サントリー	資生堂	東芝
5	松下電器産業	本田技研工業	カゴメ	シャープ	味の素	ソニー	明治グループ（明治製菓・明治乳業）
6	本田技研工業	松下電器産業	松下電器産業	日立製作所	シャープ	明治製菓	カゴメ
7	資生堂	富士通	NEC（日本電気）	サントリー	トヨタ自動車	三菱重工業	資生堂
8	日産自動車	ソニー	三菱重工業	松下電器産業	旭化成グループ	JR東日本（東日本旅客鉄道）	JR東海（東海旅客鉄道）
9注	NEC（日本電気）	カゴメ	本田技研工業	三菱重工業	キヤノン	JR東海（東海旅客鉄道）	三菱重工業
10	積水ハウス	旭化成グループ	東芝	本田技研工業	カゴメ	東芝	本田技研工業
11	旭化成グループ	NEC（日本電気）	旭化成グループ	味の素	三菱重工業	シャープ	JR東日本（東日本旅客鉄道）
12	富士通	積水ハウス	ANA（全日本空輸）	旭化成グループ	本田技研工業	日立製作所	トヨタ自動車
13	NTTデータ	日清食品	シャープ	武田薬品工業	東芝	トヨタ自動車	アステラス製薬
14	キヤノン	キヤノン	富士通	東芝	JR東日本（東日本旅客鉄道）	本田技研工業	旭化成グループ
15	味の素	味の素	積水ハウス	ANA（全日本空輸）	日立製作所	日清食品グループ（日清食品）	三菱電機
16	シャープ	ANA（全日本空輸）	日清食品	日清食品	JR東海（東海旅客鉄道）	一条工務店	シャープ
17	日清食品	武田薬品工業	キヤノン	積水ハウス	武田薬品工業	アステラス製薬	日清食品グループ（日清食品）
18注	ANA（全日本空輸）	日産自動車	味の素	NEC（日本電気）	花王	NTTデータ	日立製作所
19	武田薬品工業	デンソー	武田薬品工業	キヤノン	ANA（全日本空輸）	ANA（全日本空輸）	サントリーホールディングス
20	花王	東芝	ソニー	花王	NTTデータ	積水ハウス	NTTデータ

注）同率順位も含む。

20　第Ⅰ部　就職活動支援編

表3 文系学生の就職人気企業ランキング

順位	2005年	2006年	2007年	2008年	2009年	2010年	2011年
1	JTB	JTB	資生堂	JTBグループ	JTBグループ	JTBグループ	JTBグループ
2	ANA(全日本空輸)	ANA(全日本空輸)	JTBグループ	資生堂	資生堂	資生堂	ANA(全日本空輸)
3	JAL(日本航空)	トヨタ自動車	ANA(全日本空輸)	ANA(全日本空輸)	ANA(全日本空輸)	ANA(全日本空輸)	資生堂
4	資生堂	JAL(日本航空)	JAL(日本航空)	三菱東京UFJ銀行	三菱東京UFJ銀行	オリエンタルランド	オリエンタルランド
5	トヨタ自動車	資生堂	三菱東京UFJ銀行	JAL(日本航空)	JAL(日本航空)	三菱東京UFJ銀行	三菱東京UFJ銀行
6	サントリー	サントリー	みずほフィナンシャルグループ	みずほフィナンシャルグループ	ベネッセコーポレーション	明治製菓	JR東日本(東日本旅客鉄道)
7	積水ハウス	三菱東京UFJ銀行	サントリー	三井住友銀行	オリエンタルランド	JR東日本(東日本旅客鉄道)	三井住友銀行
8	ベネッセコーポレーション	みずほフィナンシャルグループ	トヨタ自動車	トヨタ自動車	JR東日本(東日本旅客鉄道)	三井住友銀行	ニトリ
9	フジテレビジョン	ベネッセコーポレーション	ベネッセコーポレーション	ベネッセコーポレーション	三井住友銀行	エイチ・アイ・エス	エイチ・アイ・エス
10	電通	フジテレビジョン	積水ハウス	オリエンタルランド	サントリー	ベネッセコーポレーション	伊藤忠商事
11	東海旅客鉄道(JR東海)	積水ハウス	講談社	サントリー	フジテレビジョン	ニトリ	明治グループ(明治製菓・明治乳業)
12	講談社	近畿日本ツーリスト	電通	積水ハウス	エイチ・アイ・エス	JR東海(東海旅客鉄道)	みずほフィナンシャルグループ
13	近畿日本ツーリスト	電通	伊藤忠商事	シャープ	みずほフィナンシャルグループ	近畿日本ツーリスト	Plan・Do・See
14	三井住友銀行	講談社	フジテレビジョン	フジテレビジョン	伊藤忠商事	講談社	ロッテ
15	日清食品	東海旅客鉄道(JR東海)	オリエンタルランド	伊藤忠商事	JR東海(東海旅客鉄道)	みずほフィナンシャルグループ	JR東海(東海旅客鉄道)
16	レオパレス21	エイチ・アイ・エス	近畿日本ツーリスト	講談社	講談社	伊藤忠商事	東京海上日動火災保険
17	博報堂	オリエンタルランド	大和ハウス工業	集英社	集英社	集英社	日本郵政グループ
18	損害保険ジャパン	東京海上日動火災保険	集英社	電通	トヨタ自動車	東京海上日動火災保険	積水ハウス
19	集英社	伊藤忠商事	エイチ・アイ・エス	東日本旅客鉄道(JR東日本)	電通	日清食品グループ(日清食品)	近畿日本ツーリスト
20	エイチ・アイ・エス	日清食品	博報堂/博報堂DYメディアパートナーズ	エイチ・アイ・エス	野村證券	野村證券	講談社

注1) 同率順位も含む。
注2) マスコミ業界と広告業界に網掛けを施した。

(2) 希望する企業規模

　続いて，学生の大手企業志向および中堅・中小企業志向の程度は年次ごとで異なるのかについて検討する。希望の推移を図1に示す。2010年度から2012年度にかけて大きく変化が見られた。「やりがいのある仕事であれば中堅・中小企業でもよい」と回答する学生が増加し（2010年度：43.4%⇒2012年度：51.1%），「自分のやりたい仕事ができるのであれば大手企業がよい」と回答する学生が減少した（2010年度：39.2%⇒2012年度：29.1%）。さらに，「中堅・中小企業がよい」と回答する学生も増加した（2010年度：4.2%⇒2012年度：10.2%）。以上のように，近年の学生のほうが中堅・中小企業

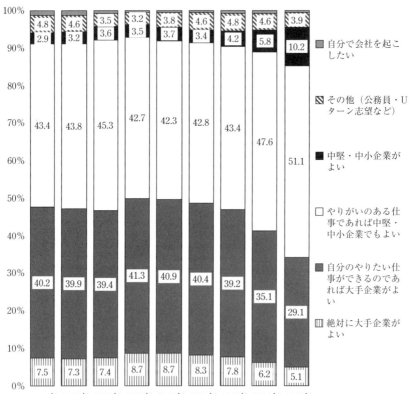

図1「大手希望」と「中堅・中小企業希望」等の推移

注）「自分で会社を起こしたい」は各年度で0.5%～1%程度であった。図からは数値を省いてある。

を志向している傾向が読み取れる。

(3) 仕事観

次に，学生の仕事観がどのように変化しているのかを検討する。年次推移を図2に示す。すべての年度において「楽しく働きたい」がおよそ30%から40%程度，「個人の生活と仕事を両立させたい」が20%程度と上位を占めていた。日本生産性本部・日本経済青年協議会（2012）が示した「どの年度も仕事と生活の両立が大多数を占めている」という結果と一致する。また，2009年度頃から「人のためになる仕事をしたい」が増加し始め（2009年度：13.5%⇒2012年度：19.7%），「プライドの持てる仕事をしたい」がやや減少した（2009年度：9.4%⇒2012年度：7.5%）。仕事の楽しさや生活との両立を重視することは変わらないものの，近年の特徴として，自分のプライ

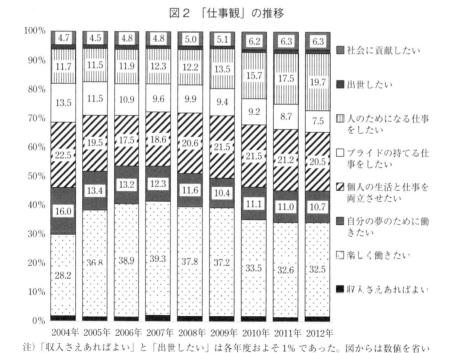

図2 「仕事観」の推移

注）「収入さえあればよい」と「出世したい」は各年度およそ1%であった。図からは数値を省いてある。

ドよりも，人のためになる仕事を志向するようになってきていることがわかる。

　以上の分析結果をまとめよう。第一に，マスコミや広告業界の企業が必ずしも人気ではなくなってきており，その変化が現れた同時期に，学生は自分の夢やプライドよりも人のためになる仕事を希望するようになっていた。第二に，学生の大手志向はリーマンショック以降の不況期に減少していた。

(4) 希望する企業規模と仕事観

　上記までは，企業規模と仕事観を別々にして年次推移を確認してきた。続いて，両者の関連を明らかにする。具体的には，2012年度のデータを用いて，学生が大手志向か否かによって，仕事観が異なるかについて検討する。なお，「大手志向」の設問においては「自分で会社を起こしたい」と回答した者が極端に少なかったため，この選択肢を省いて分析した。その結果を図3に示す。χ^2検定を用いて検討したところ，人数の偏りは有意であった（χ^2 $(28) = 330.22$, $p < .01$）。以下，残差分析でプラスに有意であった項目に注目して解釈をしていく。

　まず，「絶対に大手企業がよい」または「自分のやりたい仕事ができるのであれば大手企業がよい」というように大企業を希望する学生に多くみられる仕事観は，「プライドの持てる仕事をしたい」（それぞれ，12.6％と8.7％）および「自分の夢のために働きたい」（それぞれ，14.4％と14.3％）であった。これは，大企業に入ること自体が，学生にとって自分の夢であり，プライドとなっていると解釈することが可能である。

　一方，「中堅・中小企業がよい」または「やりがいのある仕事であれば中堅・中小企業でもよい」というように中堅・中小企業を希望する学生に多くみられる仕事観は，「楽しく働きたい」（それぞれ，37.9％と35.3％）であった。これは，中堅・中小企業を希望している学生は，職場の人間関係を重視しており，大企業という社会的なブランド以外の価値を求めているとも解釈できる。なお，「中堅・中小企業がよい」学生の場合は，「個人の生活と仕事を両立させたい」（24.3％）という仕事観を持つ者が多いのに対して，「やりがいのある仕事であれば中堅・中小企業でもよい」学生の場合は，「人のた

めになる仕事をしたい」(21.9％) という仕事観を持つ者が多かった。学生は「やりがい」と「人のためになる仕事」をセットで捉えていると考えられる。

また，公務員やUターン志望の学生は，「人のためになる仕事をしたい」(30.4％) や「個人の生活と仕事を両立させたい」(27.0％) という仕事観を持つ者が多かった。

図3　希望する企業規模別の学生の仕事観

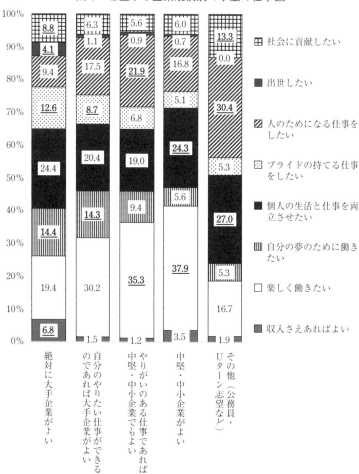

注) 残差分析でプラスに有意 (5％水準) であった項目に太字と下線を施した。

総じて，大手企業を志向する学生は，自分の夢やプライドを重視するのに対して，大手企業を志向しない学生は，楽しく働くこと，個人の生活と仕事を両立すること，人のためになる仕事を重視すると解釈できる。

5　結　語

　本章では，リーマンショック前後の景気変動に焦点を当て，キャリア教育・キャリア支援の変化と学生の意識変化を整理した。

　人気企業ランキングと希望する企業規模の年次推移からは，リーマンショック以降の不況期に，大手企業を志向する学生の減少と，中堅・中小企業を志向する学生の増加が明らかになった。また，同時期に，マスコミや広告業界の企業が必ずしも人気があるとはいえなくなってきている傾向がうかがえた。さらに，仕事観の年次推移からは，プライドの持てる仕事を希望する学生の減少と，人のためになる仕事を希望する学生の増加が明らかになった。企業規模と仕事観の関連からは，学生が中堅・中小企業を選択する場合，楽しく働くことを重視すること，中でも，やりがいのある仕事ならば中堅・中小企業でもよいと考える学生の場合は，人のためになる仕事を重視していることが明らかになった。

　支援者は中小企業とのミスマッチを解消するために，「中小企業は採用されやすい」また，「中小企業の中にも，労働条件が良いものもある」という情報提供を学生にすることがある。しかし，中堅・中小企業を選ぶ際にやりがいを求める学生は，このような内定獲得に繋がる確率の高さや労働条件の良さよりも，「楽しく働く」や「人のためになる仕事」というあいまいな言葉のほうに心惹かれている可能性がある。

　最後に，そのズレが生み出される理由として以下のような解釈を提示しておく。久野（1981）は「やりがい」を「ある行為とひきかえに得られる効果であり，やる（行為）だけの値打ち」と定義し，やりがいが語られる時は，「行為と効果との一種のつりあい，行為と効果とがうまく当たりあうこと，つまり両者の「あたりあい」（あたい＝価値）が問題である」と指摘する。

本研究の結果と照らし合わせると，学生が大企業ではなく（を諦めて）中堅・中小企業を選択する際には，ひきかえに「やりがい」を求めると解釈できる。そして，それは，つりあいの取れるだけの価値を有していることが条件となると考えられる。しかし，その価値があるかどうかを就職活動中に完全に見出すことは困難であると考えられるであろう。浦上（2008）は以下のように，求めようとしても求められないのが「かい」であると述べている。

　「かい」へとつながる経路には2通りあると考えられる。1つは，苦しみなどを伴う行為を目的的に行い，目的にかなった結果が得られた場合である。ただし，この場合には，「かい」を得るために行為をしているとは認識されにくいと考えられる。もう1つは，苦しみなどを伴う行為を，目的的にではなく行い，その結果が偶然に行為と引き換えになる何かをもたらす場合である。すなわち，求めれば必ず手に入るというものではないといえる。もし，この偶然の部分を統制下におさめようとすれば，前者のような明確な目的を設定する必要がある。しかし，そうなると「かい」を求めるという意識は薄れてしまう。求めようとしても求められないのが「かい」なのかもしれない（p. 13）。

　中小企業を志望する際に，つりあいの取れるだけの価値を有しているかどうかを学生は見ている可能性があるという観点は，キャリア支援を行う者が中堅・中小企業を勧める際には重要であると思われる。

注
1）　調査は 1979 年から行われていたが，個票データは 2004 年度（2005 年卒）から 2012 年度（2013 年卒）の9年間のみ入手可能であった。
2）　2012 年度（2013 年卒）は 12 月である。
3）　2011 年度（2012 年卒）以降は Web 調査のみである。
4）　企業と一般消費者の取引（Business to Consumer/Customer）。
5）　企業間取引（Business to Business）。

引用文献

浦上昌則（2008）「「働きがい」と「あきらめ」」『人間関係研究』7: 69-88 頁

海老原嗣生（2012）『雇用の常識　決着版──「本当に見えるウソ」』ちくま文庫

久野昭（1981）「生きがいの構造──「はれ」の意味に即して」『サイコロジー』10: 20-25 頁

経済産業省（2006）「社会人基礎力に関する研究会『中間取りまとめ』報告書」

経済同友会（2012）「新卒採用問題に対する意見」

厚生労働省（2005）「平成 17 年版　厚生労働白書」

── （2007）「平成 19 年版　厚生労働白書」

内閣府（2011）「平成 23 年版　子ども・若者白書」

── （2012）「若者雇用戦略」

日本生産性本部・日本経済青年協議会（2012）「平成 24 年度新入社員（2,036 人）の『働くことの意識』調査結果」

本田由紀（2005）『若者と仕事──「学校経由の就職」を超えて』東京大学出版会

リクルートワークス研究所（2012）「第 29 回ワークス大卒求人倍率調査（2013 年卒）」

第2章

就職活動時における過去の回顧と未来の展望

1 問題の所在

　就職活動では，「今まで自分がしてきたこと」「現在自分が取り組んでいること」「自分の将来ビジョン」が求められることがある。たとえば，面接で「今までの学生生活で最も力を入れたこと」を尋ねられたり，部活動やサークルでの活動を自己PRに用いたり，「5年後の自分の将来ビジョン」というテーマをエントリーシートで書くこともある。その際には，自らの過去を振り返ったり，目標は何かを考えたりすることがある。これに近い心理学の概念が時間的展望である。

　時間的展望とは「ある一定の時点における個人の心理学的過去と未来についての見解の総体」（Lewin, 1951/1979）と定義されている。都筑（1999）は，青年の時間的展望とアイデンティティの関連について仮説的図式を示し，過去の経験・出来事を振り返って，それらの再解釈や再定義をしたり，未来の目標・出来事を思い浮かべて，それらの実現を期待し，希望を持ったりすることにより，過去・現在・未来の自分が統合され，アイデンティティが達成されるとした。また，Taber & Blankemeyer（2015）は，職業アイデンティティが拡散の状態にある学生は，過去の出来事を否定的に捉えていること，また，未来への関心が弱いことを明らかにし，職業アイデンティティの達成を促すためには時間的展望に基づいた介入が有益になることを示唆した。

　都筑（2007）は，従来の時間的展望研究では多くの場合，予想を扱っており，人生の中で起こると思われる出来事を述べてもらうことにより測定してきたと指摘している。しかし，都筑（2007）は，時間的展望には，予想を超えたものとして捉える考え方もあることを示し，その人にとって意味のある

出来事について検討する必要性を述べている。

　このような視点を含みこんだわが国の研究では，その対象者の目標や見通しの内容を尋ねており，大学生を対象にした研究では仕事や家族に関連した記述が多いという共通した結果が得られている（e.g. 都筑 1999；尾崎 2001）。これらの研究では未来について扱っているが，過去や現在も扱う研究では，「重要だと思うこと」「大切なこと」という観点から行われている。たとえば，奥田・半澤（2003, 2004）は，大学新入生を対象に，過去の出来事の中で自分にとって重要だと思われるもの，現在取り組んでいること，将来の目標のなかで重要だと思うことを尋ねている。また都筑（1984）は，短大生を対象に，過去に生じた重要な出来事，これからの人生で生じると思われる重要な出来事を尋ねている。これらの研究では，過去においては受験，進路，出会い，対人関係に関わることが多いこと，現在においては，大学での学び，サークル，部活に関わることが多いことが示されている。さらに下村（2009）は，大学を卒業した社会人を対象に「これまでの私にとって大切だったことは」「今の私にとって大切なことは」「これからの私にとって大切なことは」に続く文章について回答を求めている。

　ところが，過去，現在，未来の時制をすべて扱っており，かつ，就職活動開始時期の大学生に注目した研究は数少ないようである。この点を明らかにすることは，従来の時間的展望研究は過去を扱う研究が少ないという指摘（勝俣 1995，奥田 2002）や，過去・現在・未来のすべての時制を扱った研究が必要であるという指摘（奥田 2002，都筑 2007）を考慮すると，意義あることであると思われる。

　そこで，本章では，就職活動開始時期の大学生は，どのような過去，どのような現在，どのような未来を大切と捉えているのかという観点から時間的展望についてキャリア意識[1]の違いに注目しつつ，探索的に検討することを目的とする。

30　　第Ⅰ部　就職活動支援編

2 方 法

(1) 対象者

　就職情報サイトのモニターである全国の大学3年生2,976名を対象者とする。ただし，5名のデータは回答に不備が見られたため，欠損値として扱った。その結果，2,971名（男性915名；女性2,056名／文系2,128名；理系843名）を分析の対象とした。

(2) 調査時期

　2014年12月から2015年1月にかけて調査を実施した。

(3) 用いた質問項目

①キャリア意識：下村・八幡・梅崎・田澤（2009）によるキャリア意識の発達に関する効果測定テスト（キャリア・アクション・ビジョン・テスト：CAVT）を用いた。同尺度は，人に会ったり，さまざまな活動に参加したりすることを示す「アクション」（「学外のさまざまな活動に熱心に取り組む」「尊敬する人に会える場に積極的に参加する」など合計6項目）と，将来に向けた夢や目標，やりたいことなどをいかに明確にしているかを示す「ビジョン」（「将来のビジョンを明確にする」「将来の夢をはっきりさせ目標を立てる」など合計6項目）から構成されている。5件法（「5点：かなりできている」～「1点：できていない」）で回答を依頼した。梅崎・田澤（2013）によって，CAVTは，学業成績，エントリーシートの提出数など就職活動量，内定取得数，就職内定先に対する満足感との関連が明らかになっており，妥当性が確認されている。以降の分析では，下位尺度ごとの合計得点を用いることにする。

②過去，現在，未来の自由記述：下村（2009）を参考にして，過去，現在，未来について，大切なことを自由記述で回答を求めた。具体的には「これまでの私にとって大切だったことは」「今の私にとって大切なことは」「これか

らの私にとって大切なことは」に続く文章について回答を求めた。

3　結果と考察

　自由記述の分析にはテキスト型データを統計的に分析するためのソフトウェアである KH coder（樋口 2014）を用いた。なお，自由記述データを分析する際には，以下の基準でクリーニングを行った。まず，ひらがなで書かれた単語と漢字で書かれた単語が混在していた場合には，漢字に表記を統一した（例：「まわり」を「周り」に変換）。次に，省略された単語と省略されていない単語が混在していた場合には，省略されていない表記に統一した（例：「就活」を「就職活動」に変換）。最後に，「同上」という回答のように，前出の回答と同じ内容を指し示すと考えられる場合には，前出の回答に置き換えた（例：過去，現在，未来の順で「娯楽と，その話をできる友人」「同上」「同上」と回答した場合，「娯楽と，その話をできる友人」「娯楽と，その話をできる友人」「娯楽と，その話をできる友人」に変換）。

　以降の分析では，自由記述の文字数の検討（量的分析）を行った後に，書かれた単語の内容に注目した検討（質的分析）を行う。考察は，同様の教示で社会人に回答を求めた下村（2009）と比較しながら行う。

（1）自由記述の量的な検討

　平均文字数は過去，現在，未来の順で $M = 9.20$，$M = 10.66$，$M = 11.06$ であった（表1）。下村（2009）が示した社会人の平均文字数（過去，現在，未来の順で $M = 7.22$，$M = 7.57$，$M = 8.47$）より多めであった。下村（2009）は，求職中の無職者のように，社会的な地位・身分・立場が不安定な者ほど自由記述量が多く，正社員のように，安定的な者ほど自由記述量が少ないことを示し，その結果の解釈として，不安定な者ほど自他に向けた説明を多く要するという見解を示している。本研究で，就職活動開始時期の大学生が社会人全体の平均よりも上回る記述量が得られたのは同様の理由と解釈できよう。

表1　過去，現在，未来の文字数の平均等

	平均値	標準偏差	最小値	最大値	人数
過去	9.20	6.67	1	71	2,971
現在	10.66	7.80	1	77	2,971
未来	11.06	7.75	1	68	2,971

(2) 自由記述の質的な検討

　以下には，キャリア意識の高低によって，過去，現在，未来の自由記述の内容に違いがあるのか検討する。

　まず，CAVTの下位尺度ごとに平均を求めた（表2）。各下位尺度は6項目から構成されており，すべてに「3点：どちらでもない」と回答した場合は18点となるが，両尺度ともに18点をやや超えていた。また，両尺度間には有意な正の相関がみられた（$r=0.64$, $p<.001$）。平均を基準にして，アクション高・ビジョン高群，アクション高・ビジョン低群，アクション低・ビジョン高群，アクション低・ビジョン低群の4群を設けた（表3）。以下には，キャリア意識の高低に注目するため，アクション高・ビジョン高群をキャリア意識高群，アクション低・ビジョン低群をキャリア意識低群とすることにした。

表2　キャリア意識の平均等

	平均値	標準偏差	最小値	最大値	人数	相関
アクション	18.39	5.00	6	30	2,971	0.64***
ビジョン	18.19	5.40	6	30	2,971	

***$p<.001$

表3　過去，現在，未来の文字数の度数等

	人数	割合(%)
アクション高・ビジョン高	1,049	35.3
アクション高・ビジョン低	440	14.8
アクション低・ビジョン高	432	14.5
アクション低・ビジョン低	1,050	35.3
合計	2,971	

第2章　就職活動時における過去の回顧と未来の展望

①使用頻度の分析

　次に，全対象者のデータをもとにして，過去，現在，未来の自由記述における使用頻度の高い単語について上位20個を抽出した。その後，その20個の単語について，キャリア意識高群とキャリア意識低群それぞれについて使用頻度を求めた。その後，単語ごとに2群（高群・低群）×2群（単語の使用あり・単語の使用なし）のセルを設けて，χ^2検定を行った。さらに，差が見られたものについては残差分析を行った。有意に多い結果が見られたものに網掛けを施した。分析結果を表4に示す。ただし，結果を見やすくするために出現率で示すことにした。以下では残差分析の結果を解釈しながら述べる。

　過去について，キャリア意識高群でより多く用いられていたのは「人」「経験」「努力」（記述例：「人の信頼を得ること」「色々な人と関わった経験」「ずっと続ける努力」）であった（それぞれ，$\chi^2(1) = 6.07$, $p<.05$ $\chi^2(1) = 10.75$, $p<.01$ $\chi^2(1) = 4.80$, $p<.05$）。一方，キャリア意識低群でより多く用いられていたのは「友達」「楽しい」（記述例：「友達との時間」「今が楽しいこと」）であった（それぞれ，$\chi^2(1) = 6.40$, $p<.05$ $\chi^2(1) = 5.17$, $p<.05$）。キャリア意識が高い者は，大切だったと思えるような人と会い，努力をし，経験として残っていることが多く，キャリア意識が低い者は，大切だと思えるような友達とただ楽しい時間を過ごしてきた者が多いのかもしれない。

　現在について，キャリア意識高群でより多く用いられていたのは「人」「周り」（記述例：「人との関わりを大切にすること」「周りと協力し，共に高めあっていくこと」）であった（それぞれ，$\chi^2(1) = 8.86$, $p<.01$ $\chi^2(1) = 6.79$, $p<.01$）。一方，キャリア意識低群でより多く用いられていたのは「時間」「見つける」（記述例：「これからのことを考える時間を増やすことだと思います」「自分のしたいことを見つけること」）であった（それぞれ，$\chi^2(1) = 7.14$, $p<.01$ $\chi^2(1) = 5.68$, $p<.05$）。キャリア意識が高い者は，大切と思える周りの人と会っていることが多いのであろう。また，キャリア意識が低い者の多くは，これから大切なものを見つける状態であるために，多くの時間を要すると思っているのかもしれない。

　未来について，キャリア意識高群でより多く用いられていたのは「力」

34　　第Ⅰ部　就職活動支援編

表4　キャリア意識の高低別の単語頻度の割合（上位20個）

	過去			現在			未来		
	単語	高群(%)	低群(%)	単語	高群(%)	低群(%)	単語	高群(%)	低群(%)
1位	人	13.3	9.8 *	自分	17.8	16.8	自分	14.8	13.0
2位	自分	10.5	9.6	人	9.3	6.0 **	人	8.4	6.9
3位	友達	4.0	6.6 *	将来	5.3	6.6	行動	5.2	7.6 *
4位	家族	4.5	3.7	行動	4.5	6.2	将来	5.0	5.4
5位	時間	3.0	4.1	考える	4.3	5.4	考える	4.6	4.6
6位	関係	4.1	4.1	時間	3.4	6.0 **	積極	3.1	4.8
7位	友人	3.9	3.5	就職活動	3.9	4.5	社会	3.4	3.7
8位	周り	4.0	2.5	家族	3.2	3.2	努力	3.0	3.4
9位	楽しい	2.5	4.4 *	友達	2.4	3.2	コミュニケーション	3.0	4.1
10位	経験	4.2	1.6 **	努力	3.7	2.4	持つ	3.1	3.3
11位	勉強	2.2	3.5	友人	2.7	2.4	能力	2.5	3.8
12位	部活動	2.6	3.0	コミュニケーション	3.1	2.5	生きる	2.3	3.0
13位	行動	2.8	2.4	関係	2.9	1.5	就職活動	2.7	3.5
14位	人間	3.2	1.9	周り	3.3	1.5 *	仕事	2.8	2.2
15位	生きる	1.8	3.2	見つける	1.6	3.3 *	力	3.6	1.9 *
16位	努力	3.4	1.8 *	持つ	2.4	2.5	家族	2.4	2.5
17位	出会い	2.6	1.3	能力	2.3	2.4	安定	1.8	2.5
18位	成績	1.3	2.1	積極	1.8	2.0	生活	1.7	2.6
19位	楽しむ	1.0	1.9	大切	2.1	1.4	周り	2.2	1.3
20位	過ごす	1.0	1.5	就職	2.1	2.3	大切	2.0	1.1
20位				人間	2.3	1.4			

**$p<.01$　*$p<.05$
注1）残差分析で有意に多い結果が見られた箇所に網掛けを施した。
注2）現在のみ20位が同数で2つの単語があったため両方を表記した。

（記述例：「規則を守ることはもちろんですが，常識にとらわれずに考える力，つまり創造力です」）であった（$\chi^2(1)=5.14, p<.05$）。一方，低群でより多く用いられていたのは「行動」（記述例：「思い切って行動すること」）であった（$\chi^2(1)=4.54, p<.05$）。キャリア意識が高い者の多くは，これから大切になる何かしらの力について説明ができるのかもしれない。キャリア意識が低い者の多くは，これから大切なものを見つけるために積極的な行動が必要であると思っているのかもしれない。

　なお，キャリア意識の高低にかかわらず，過去・現在・未来すべての時制において「自分」が多く用いられていた。

②対応分析

　最後に，各群はどのような特徴を持っているのかについて明らかにするために，各群を集計単位として対応分析を行った（図1）。各時制で特徴的と

図1　対応分析の結果

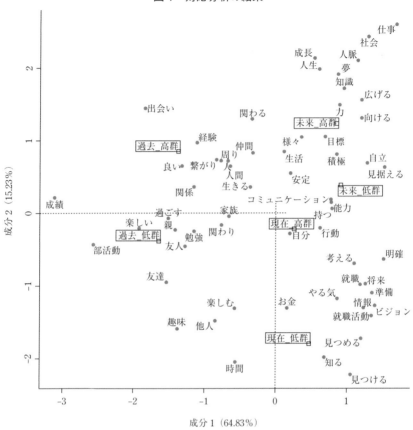

判断できる単語とその記述例を表5に示す。なお，樋口（2014）によれば，対応分析は，原点（0,0）の付近に付置される語ほど取り立てて特徴のないことを示し，原点から離れている語ほど特徴的であることを示す。

　成分1をみてみると，およそ値が小さいと過去，値が大きいと未来が付置されていることから，時系列を示していると解釈できる。また，成分2をみてみると，およそ値が低いと低群，値が高いと高群が付置されていることからキャリア意識に対応していると考えられる。

　まず，過去についてキャリア意識の高群と低群を比較してみると，高群は

表5　特徴的な単語と記述例

		特徴的な単語	記述例
過去	高群	経験	「色々な人と関わった経験」
		繋がり	「周りの人との繋がり」
		良い	「居心地の良い空間」
		関係	「人間関係をいかによく構築し，周囲からの信頼を得るか」
	低群	友人	「娯楽と，その話をできる友人」
		友達	「友達との時間」
		楽しい	「気楽で楽しいこと」
		過ごす	「自分の好きなように過ごすこと」
現在	高群	自分	「視野を広げ，自分の意見を確立することです」
		行動	「行動した後に学んだことを明確にすること」
	低群	知る	「自分がどういう人間なのか知ること」
		見つける	「自分のしたいことを見つけること」
		見つめる	「自分をしっかり見つめること」
未来	高群	仕事	「人との繋がりや，仕事に対する熱意」
		社会	「社会と自分とのバランスをどうとるか」
		人脈	「人脈を広げ，社会知識を身に付けること」
		夢	「着実に夢に向かって目標を達成する力」
		見据える	「将来を見据えること」
		自立	「自立して生きていくこと」

「経験」「繋がり」「良い」「関係」などが，低群は「友人」「友達」「楽しい」「過ごす」などが特徴的な単語であることがわかる。

　次に，現在について高群と低群を比較してみると，高群はおよそ原点に位置するため，他の群と比較して，単語には取り立てて特徴がないとも解釈できるが，「自分」「行動」などが付置されているのに対し，低群は，「知る」「見つける」「見つめる」などが付置されていることがわかる。

　最後に，未来について高群と低群を比較すると，高群の方向に「仕事」「社会」「人脈」「夢」などが原点から離れて付置されているため，これらの単語が特徴的であることがわかる。低群は，相対的には，原点の付近に付置されているが，「見据える」「自立」などが特徴的と判断できる。

　下村（2009）は，社会人の場合，過去に関しては「友達」「友人」「仲間」といった友愛的なものに関する単語が用いられる割合が高く，現在や未来に関しては「家族」「子供」「健康」といった家族的なものに関する単語が用いられる割合が高いことを示したが，本研究でも過去に関しては友愛的な単語

が多いという共通した結果が得られた。しかし，現在や未来において家族的なものに関する単語はほとんど見られなかった。これは，就職情報サイトのモニターである大学生を対象にしたために，記述する内容が就職活動に関することに偏ったと思われる。

本研究が新たに明らかにしたこととしては，就職活動開始時期においてキャリア意識が低い者は，過去について「友人」「友達」という言葉を取り上げる傾向があるのに対して，キャリア意識が高い者は，「関係」「繋がり」という言葉を取り上げる傾向があることを示した。これは両者において，交友関係の広さの違いや質的違いがあるものと思われる。

4 総合考察

本章の目的は，就職活動開始時期の大学生は，どのような過去，どのような現在，どのような未来を大切と捉えているのかという観点から時間的展望についてキャリア意識の違いに注目しながら探索的に検討することであった。

量的側面に注目してみると，就職活動開始時期の大学生は，過去・現在・未来について，多くのことを述べるという結果が得られた。これは，自己PR文の作成や企業の面接などで，自らの過去・現在・未来に関連したことの説明を多く要するためと考えられた。

質的側面に注目してみると，キャリア意識の高低にかかわらず，過去・現在・未来すべての時制において自分に関することを多く述べていた。また，キャリア意識が高い学生は，過去に大切だったと思えるような人と会い，何かに努力をし，経験として残っている者が多く，現在もなお，大切と思える周りの人と会っている者が多く，そして，これから大切になる何かしらの力について説明ができる者が多いと考えられた。一方，キャリア意識が低い学生は，過去に友達と楽しい時間を過ごしたことを大切と捉えており，現在大切なものを見つける姿勢を示し，これから自立し，見据えていくことを大切と捉えていると考えられた。

先行研究では，職業選択時の学生が，過去のエピソードとして「友人との

出来事」や「出会い」に関連したことを想起することが多いこと（奥田 2004）や，学生は進路を決めるきっかけとなった過去のエピソードとして「モデルの存在」を取り上げることが多い（田澤 2004）ことが示されているが，本研究でも同様の結果が得られたといえる。本研究が新たに明らかにしたこととしては，キャリア意識によって他者とのかかわり方の違いがあることを示した。

　また，キャリア意識の高低によって，経験となる過去を有している程度に差が見られたことは注目すべきと思われる。キャリア教育を実施する者やその関係者は，学生が就職活動を迎える時期までに経験として語れるものを提供できるように系統だった支援が必要ということであろう。なお，体験活動がない（および，少ない）のか，体験はしたものの振り返り不足などにより経験となるまでの学びになっていないのかは今後明らかにしていく必要がある。

　Shirai, Shimomura, Kawasaki, Adachi, & Wakamatsu（2013）は，正規雇用を希望する者に対する質問紙調査より，将来への希望があることは，正規雇用へと移る意思を持つことにはマイナスの影響があるものの，正規雇用への実現にはプラスの影響があることを示した。つまり，同論文は，対象者の置かれている文脈によっては，時間的展望の影響の仕方が異なることを示したといえる。就職活動を通して，学生は自らの過去や未来に対して捉え直しをすることがあるという指摘（田澤 2002，奥田 2004）を考慮すると，同様のことが大学生においても起こっている可能性がある。本章では，就職活動開始時期の大学生を対象にしたが，今後は大学生の文脈に即した時間的展望の発達を明らかにする必要がある。

注
1）　キャリア意識の捉え方は多様であるが，本章では，就職活動に関連したものに限定することにする。

引用文献
梅崎修・田澤実編著（2013）『大学生の学びとキャリア――入学前から卒業後までの継続調査の

分析』法政大学出版局

奥田雄一郎（2002）「時間的展望研究における課題とその可能性――近年の実証的，理論的研究のレヴューにもとづいて」『大学院年報（文学研究科篇：中央大学）』31: 333-346 頁

――（2004）「大学生の語りからみた職業選択時の時間的展望――青年期の進路選択過程における時間的展望の縦断研究」『大学院研究年報（文学研究科篇：中央大学）』33: 167-180 頁

奥田雄一郎・半澤礼之（2003）「大学生の時間的展望の構造に関する研究（I）――新入生は自らの過去・現在・未来をどのように構造化しているのか」『日本青年心理学会大会第 11 回発表論文集』日本青年心理学会，42-43 頁

奥田雄一郎・半澤礼之（2004）「大学生の時間的展望の構造に関する研究（II）――過去・現在・未来の出来事に対する評価」『日本青年心理学会第 12 回大会発表論文集』日本青年心理学会，52-53 頁

尾崎仁美（2001）「大学生の将来の見通しと適応との関」，溝上慎一編『大学生の自己と生き方――大学生固有の意味世界に迫る大学生心理学』ナカニシヤ出版，167-196 頁

勝俣暎史（1995）「時間的展望の概念と構造」『熊本大学教育学部紀要（人文科学）』44: 307-318 頁

下村英雄（2009）「フリーターの自由記述――フリーターは過去，現在，未来について何を書くのか」，白井利明・下村英雄・川崎友嗣・若松養亮・安達智子『フリーターの心理学――大卒者のキャリア自立』世界思想社，128-160 頁

下村英雄・八幡成美・梅崎修・田澤実（2009）「大学生のキャリアガイダンスの効果測定用テストの開発」『キャリアデザイン研究』5: 127-139 頁（「第 1 章　キャリア意識の測定テスト（CAVT）の開発」，梅崎修・田澤実編著（2013）『大学生の学びとキャリア――入学前から卒業後までの継続調査の分析』法政大学出版局，17-40 頁）

田澤実（2002）「職業選択時における大学生の自己効力」『大学院研究年報（文学研究科篇：中央大学）』31: 347-359 頁

――（2004）「大学生の進路決定時期と決定理由――就職活動前後の大学 3 年生，大学 4 年生を対象にして」『大学院研究年報（文学研究科篇：中央大学）』33: 181-193 頁

都筑学（1984）「女子青年の時間的展望（1）」『日本教育心理学会第 26 回総会発表論文集』日本教育心理学会，420-421 頁

――（1999）「大学生の時間的展望――構造モデルの心理学的検討」中央大学出版部

――（2007）「時間的展望の研究方法」，都筑学・白井利明編『時間的展望研究ガイドブック』ナカニシヤ出版，29-52 頁

樋口耕一（2014）『社会調査のための計量テキスト分析――内容分析の継承と発展を目指して』ナカニシヤ出版

Lewin, K.（1951）*Field theory in social science: Selected theoretical papers*, New York: Harper & Brothers.（『社会科学における場の理論（増補版）』猪俣佐登留訳，誠信書房，1979 年）

Shirai, T., Shimomura, H., Kawasaki, T., Adachi, T., & Wakamatsu, Y.（2013）"Job search motivation of part-time or unemployed Japanese college graduates," *International Journal of Educational Vocational Guidance*, 13: 95-114.

Taber, B. J., & Blankemeyer, M. S.（2015）"Time perspective and vocational identity statuses of emerging adults", *The Career Development Quarterly*, 63（2）: 113-125.

第3章

SNS は内定獲得に役立つのか？

1　問題の所在

　本章では，就職活動中の大学 4 年生および大学院修士課程 2 年生の SNS（ソーシャルネットワークサービス）の利用と就職活動の結果の関係を検討する。

　近年の新卒就職市場の複雑化や競争激化を反映して，学生も企業も新しいツールの利用に積極的になっている。就職支援サイトの開設は，多くの学生に企業にアプローチする機会を与えた。同時にそれらの情報を処理する能力が問われるようになった。また，企業側の SNS を通じた採用情報の公開が増えれば，学生側もそれに応じて SNS による情報収集をするようになった。SNS は単に情報収集をするだけでなく，それを通じて人脈を拡大していくことも可能である。このような SNS の機能が就職活動の成否に少なからぬ影響を与えると考えられるようになった[1]。例えば，高橋暁子著『Facebookで就活に成功する本』（自由国民社，2011）では，「情報を制する者が就活を制す」（p. 39）というように就職活動が情報戦であることが強調され，「Facebook なら OB/OG 訪問や連絡がしやすい」（p. 42），「Twitter や Facebook なら企業人事担当者と直接やりとりできる」（p. 42）という利点が，企業や学生の「最新事例」と一緒に紹介されている[2]。

　加えて，SNS 上では単に情報を収集するだけでなく，自ら情報を発信することが重要であるといわれている。SNS では自身の言動を日常的に公開することが可能であり，それが評価の対象となる可能性もある。だからこそ，SNS 上では本当の「日常」そのものというよりも，むしろ見る側を意識した自己演出に配慮することが必要になってくる。この意味では，毎日が内定

取得に向けた自己アピールの場になるともいえよう。

　特に，実名登録が基本の Facebook[3]が日本に普及すると，mixi[4]などの匿名中心の SNS にはなかった情報発信面の機能が注目され，SNS を使った就職活動，いわゆる「ソー活」[5]が話題になった。SNS を使った就職活動の書籍の刊行年度を調べると，2011 年頃以降に集中している。たとえば，『Facebook 就活・転職マニュアル』（株式会社メディアボーイ 2011）では，Facebook のトップページには，「エントリーシートのつもりで記入せよ」（p. 14〜15），「写真や趣味も就職を意識して演出せよ」（p. 16〜17）という自己演出の工夫が書かれている。

　しかし，その一方で，SNS の利用に疲弊する学生も増えてきている。例えば朝日新聞（2012 年 10 月 5 日）によれば，採用企業側に閲覧されないように SNS の設定を変える学生も多い。この記事にある「就活に悩み，時には SNS で弱音を吐きたくなる。でもマイナス要素をネットに残したくない」という学生の発言は，SNS の利用に振り回される多くの学生たちの気持ちを代弁しているといえよう。

　本章では，全国の就職活動中の大学生を対象とした調査のデータを用いて，このような「ソー活」ブームの実態を検証する。まず確認しておくべきは，現在流通している多くの一般書籍では「最新事例」という一部の情報が流されているに過ぎず，SNS 利用と内定取得が実際のところどのような関係にあるのか，実証的な検討がなされていないという点である。さらに，仮に内定を取得した学生に SNS 利用者が多かったとしても，これをもってただちに SNS 利用の効果とみなすことはできない。たとえば，新しい事物への積極性や社交性などの面で優れている学生がいれば，そうした要因は内定取得の確率と SNS 利用の確率をともに高めるであろう。すると，そこには見た目上の擬似的な相関関係が表れる。このような事実と異なる関係が一般的に喧伝されている可能性もある。以上より，本章では，バイアスがより少ない情報源を用いて SNS と就職活動の関係を客観的に分析した上で，そこから就職活動中の学生やキャリア支援の担当者に向けて，どのような含意を引き出せるかを考察したい。

　なお，本章の構成は以下のとおりである。つづく第 2 節では，SNS と就

職活動に関連する先行研究を紹介する。第3節では，本章の調査データの概略を説明する。第4節では，SNSの実質的な利用方法と就職活動への効果を分析する。最後に第5節は，分析結果のまとめとその解釈を行い，大学生のキャリア支援に関する含意を考察する。

2 先行研究

SNSはその名の通り，インターネット上でソーシャル・ネットワークを拡大するためのツールである。実際，SNSに備わっているさまざまな機能を利用すれば，そうしたことは容易に可能である。ただし，どのようなタイプのソーシャル・ネットワークが拡大されているのかという点については，一般書は多いものの，実証的な研究は少ない。新規学卒者の就職活動に限定して考えれば，学生が学外の社会人など，就職活動に資するような層とのネットワークを構築しているかという点が一つの関心事となろう。

一方，就職活動におけるソーシャル・ネットワークそれ自体の効果については先行研究が多い。その先駆的研究であるGranovetter（1973, 1995/74）では，就職市場におけるソーシャル・ネットワークの情報伝達機能を考察し，家族や職場同僚などの日常的にも会う頻度が高くなる強い紐帯よりも，普段は頻繁に出会わない人との弱い紐帯のほうが就職に対して希少な情報が得られることを検証した[6]。

日本国内における新規大卒就職市場の研究としては，苅谷剛彦らの一連の研究がある（苅谷・沖津・吉原・近藤・中村 1993, 苅谷・本田 2010）。これらの研究では，大学組織がOB/OGという埋め込まれたソーシャル・ネットワーク資源を保存しており，大学生がそれを利用していることが確認された[7]。これは所属する組織（大学）の一員以外には利用不可能な資源であり，その利用可否は大学入学の段階で決定される。その意味で，これは外部に対する閉鎖性を持つネットワークである。それゆえに，それを利用できる者は情報入手などの面でより優位な立場を獲得できると考えられる。また，「内部」に属するがゆえの一定の安心感も得られるであろう。ただし，苅谷・本

第3章　SNSは内定獲得に役立つのか？　43

田（2010）でも指摘されるように，90年代初期までは隆盛であったOB/OGネットワークも，その後は利用が減少しているとみられる。

　なお，このような従来のネットワークに対して，SNS上では自主的により広く新しいソーシャル・ネットワークを開拓していくことも可能である。すなわち，OB/OGネットワークなどと比べるとより開放的であるといえる。これはより柔軟で利便性が高い反面，個々人の選択次第でネットワーク資源の格差が生まれやすいともいえる。SNS利用に対する学生の期待と不安がともに高まるゆえんであろう。

　また，ソーシャル・ネットワークの有効性を検証するためには，そこで入手される情報の質についても考慮する必要がある。仮にソーシャル・ネットワークを拡大し，多くの情報を入手したとしても，それらは，どこでも手に入る，重要度が低い情報である可能性もある。田中・佐藤・上西・梅崎・中野（2013）は，大卒就職市場における情報入手の影響を分析し，入手のために費用や労力を要し，理解のために前提となる知識が必要となる「一般向けビジネス情報[8]」の利用が学生の就職結果に少なからずプラスの影響を与えることが明らかにした。また，情報入手以外のソーシャル・ネットワークの有効性として，高校生におけるソーシャル・ネットワークの構築が進路意識に与える影響を分析した梅崎・八幡・下村・梅崎（2013）は，所属集団内のソーシャル・ネットワークよりも所属集団外のソーシャル・ネットワークとの交流が進路意識を高めることを指摘した。これらの先行研究を参考にすれば，SNSがソーシャル・ネットワークの量を拡大することは明らかだとしても，どのような質のソーシャル・ネットワークを生み出し，ソーシャル・ネットワークがどのように利用されているかを分析する必要があるといえる。そこで本章では，上記の先行研究を踏まえてSNSの実質的な利用方法と就職活動への効果を関連づけて分析する。

3　分析に使用するデータ

　本章の分析では，株式会社マイナビが独自に行った全国調査の結果を用い

る。この調査は，就職情報サイトの Web 入力フォームと郵送回収の併用により回収された。調査期間は，2011 年 12 月から 2012 年 1 月であった。調査対象者は 2013 年 3 月卒業見込みの全国大学 3 年生，大学院 1 年生であった。総回答者数は 6,123 名であるが，ここでは SNS を利用していない者のデータを除去し，残る 5,617 名のデータを利用した。

　属性の人数の分布を表 1 に示す。たとえば，文部科学省の『平成 23 年度学校基本調査』（2012 年 2 月公表）による全国の学生数調査結果と比較すると，このサンプルは学部女子文系の比率が顕著に高いなどの偏りを有していることがわかる。そこで，以下の分析においてこれらの個人属性をまたぐ記述統計量を用いる場合には，『平成 23 年度学校基本調査』の学生数を母集団と見なした上で，この偏りを補正するウェイトバック集計を行った。なお，ウェイトは「（各属性の母集団構成比×5617 名）／各属性のサンプルサイズ」として算出している。

　また，これらの学生の所属大学は計 588 校に及んでいる。大学それぞれの入学難易度や知名度は，学生の就職活動の内容および結果に影響を及ぼすと想定できよう。しかし多数の大学の影響を個別に考慮することは難しいため，ここでは「主要国立大学」「関東主要私大」「関西主要私大」「その他の大学」

表 1　サンプルの属性分布

属性			サンプル		平成 23 年度学校基本調査		ウェイト
			サイズ（人）	構成比（％）	サイズ（人）	構成比（％）	
学部	男子	文系	957	17.0	208,943	30.5	1.788
		理系	443	7.9	132,513	19.3	2.449
	女子	文系	2,953	52.6	205,332	29.9	0.569
		理系	760	13.5	57,113	8.3	0.615
大学院	男子	文系	26	0.5	15,449	2.3	4.865
		理系	255	4.5	42,612	6.2	1.368
	女子	文系	48	0.9	14,349	2.1	2.448
		理系	175	3.1	9,714	1.4	0.454
計			5,617	100	686,025	100	

注）「平成 23 年度学校基本調査」については，当該調査の「関連学科別学生数」および「専攻分野別大学院生数」に示された，平成 23 年 5 月 1 日時点の大学 3 年生および大学院修士 1 年生の在籍数を参照している。なお，文理区分については「理学」「工学」「農学」「保健」「商船」を理系，それら以外を文系と区分している。

第 3 章　SNS は内定獲得に役立つのか？

表2　大学カテゴリー分類

カテゴリ	大学（計588校）
主要国立大学 （10校）	北海道大学，東北大学，東京大学，東京工業大学，一橋大学，名古屋大学，京都大学，大阪大学，神戸大学，九州大学
関東主要私大 （11校）	早稲田大学，慶應義塾大学，国際基督教大学，上智大学，青山学院大学，中央大学，東京理科大学，法政大学，明治大学，学習院大学，立教大学
関西主要私大 （4校）	同志社大学，立命館大学，関西学院大学，関西大学
その他の大学 （563校）	上記以外

の4カテゴリーに分類した上で，このカテゴリー単位での影響の分析を試みる。この分類の内訳を表2に示す。

4　実証分析

　この調査では，就職活動におけるSNSの利用状況についていくつかの設問を設けている。ここではそれらの結果を用いて，内定取得とSNS利用の関係について分析する。

（1）SNS全般の利用状況

　まず，SNS全般の利用状況を記述統計レベルで傾向を確認する。調査では，現在利用しているSNSについて，回答者に5つの選択肢を設けて質問している（複数回答可）。それぞれの利用度を表3に示す。

　この合計欄を見ると，調査実施時点で最も利用度が高かったのはmixiの57.6%であり，次いでTwitterの50.6%，Facebookの39.8%であった。mixiの利用度が最も高く，Facebookの利用度が比較的低いというのは，一般的に知られている日本国内の全体傾向とも符合する結果である。しかしその一方で，大学カテゴリー別の集計結果を見ると，mixiの利用度が主要国立大学や主要関東私大で比較的低くなっているのに対して，Facebookは逆にそれらのカテゴリーでの利用度がより高くなっていることがわかる。この逆転は一つの興味深い特徴といえよう。mixiや他のSNSとは異なり，Face-

46　第Ⅰ部　就職活動支援編

表3 各 SNS の利用度（%，複数回答可）

	主要国立大学	主要関東私大	主要関西私大	その他の大学	合計
mixi	38.6	43.7	54.5	59.6	57.6
GREE	2.0	0.7	4.4	8.6	7.7
モバゲータウン	4.9	2.4	4.1	10.7	9.8
Facebook	52.7	51.8	46.0	38.1	39.8
Twitter	49.6	58.4	62.8	49.8	50.6
その他	3.3	4.3	4.4	4.4	4.4

book は原則実名制であるため匿名性が低く，したがってそこでの情報発信や対人コミュニケーションには相応の配慮が必要である。この大学カテゴリー間に見られる利用度の相違は，こうした配慮を伴うコミュニケーションに対する，大学生の積極性の相違を反映したものかもしれない。

　なお，上記3つの SNS に比べると，ソーシャルゲーム関連のサービスを中心とする GREE やモバゲータウンの利用度は低かった。ただし，本調査がそもそも就職活動に関連して行われたものである以上，これらの利用度が低く表れるのは当然であろう。また，むろんこれらの SNS を複数併用している学生も多い。最も多いのは mixi，Facebook，Twitter のアカウントをすべて保有している学生であり，これがサンプルの約16% を占めていた。

（2）就職活動における実名 SNS の利用状況

　次に，原則実名制である Facebook を主に念頭に置きながら，就職活動における SNS の利用状況を記述統計量で確認する。

　まず，就職活動時における「Facebook などの実名を伴った SNS」の利用について，「一定の範囲で利用している（したい）」，もしくは「積極的に利用している（したい）」と回答したのは全体の31.5% であった。続いて，利用している者に対して，その具体的な用途を8つの選択肢から選択させた（複数回答可）。この用途の問いについては無回答者が55名存在した。これらの無回答者は，今後 SNS を利用したいと考えてはいるが，現時点ではまだ利用していない者と見なして，これ以降の分析からは省いた[9]。

　まず，用途についての回答分布を表4に示す。大学カテゴリーによらず，用途として最も多いのは「企業ページを閲覧するため」であり，次いで「就

表4 就職活動における実名 SNS の用途（％，複数回答可）

	主要国立大学	主要関東私大	主要関西私大	その他の大学	合計
企業ページを閲覧するため	78.6	71.2	71.5	71.8	72.1
コメントして自己アピールするため	1.2	10.9	10.4	10.5	10.1
人事担当者とつながるため	27.0	15.3	11.9	21.1	20.8
OBOG とつながるため	15.6	20.3	9.5	10.8	11.5
就活仲間と情報交換するため	50.0	54.0	55.1	45.8	46.7
就職情報サイトに載っていない企業を探すため	5.3	18.4	12.7	18.9	18.1
企業の最新情報を手に入れるため	43.7	50.9	32.0	42.6	42.7
その他	0.0	1.8	3.3	5.4	4.9

活仲間と情報交換するため」，「企業の最新情報を手に入れるため」が続いていた。つまり，SNS が就職活動に用いられているのは事実であるが，その利用方法は主に企業の Facebook ページを通じた情報収集であり，その意味ではインターネット上の企業ホームページの閲覧と大きな違いはみられなかった。また，就職活動関連の書籍で勧められるような，SNS を通じた社会人との新たなソーシャル・ネットワークが生み出されていることも実は少なく，多くは同学年の就職仲間とのつながりを強化する程度に留まっていることも確かめられた。なお，これら選択肢の複数選択数は平均 2.17 である。この値についても大学カテゴリー別の特徴はうかがえなかった。

　次いで，Facebook 利用者だけにサンプルを限定して，就職活動における実名 SNS 利用度を算出した。これを，大学カテゴリー別の Facebook 利用度と比較する形で示した（図1）。前述したように，Facebook そのものの利用度は主要国立大学や関東主要私大で相対的に高い傾向にあった。しかしながら，その就職活動への利用度については，逆にこれらの大学カテゴリーのほうが相対的に低い傾向を示していた。特に主要国立大学における比率は44.1％ であり，その他の大学における 60.3％ などと比べるとかなり低かった。つまり SNS によるソーシャル・ネットワークの構築と，実際の就職活動への利用は必ずしも繋がっていないと解釈できる。こうした実態を捉えずに単に表面上の Facebook の利用度だけを見てしまうと，前述の通り，主要

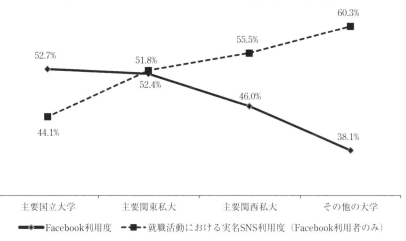

図1　Facebook 利用度およびその就職活動への利用度

主要国立大学　主要関東私大　主要関西私大　その他の大学
◆ Facebook利用度　■ 就職活動における実名SNS利用度（Facebook利用者のみ）

大学の高い内定取得率と SNS 利用の間に疑似相関を見出してしまう可能性がある[10]。

(3) 内定取得に対する SNS 利用の効果

　本節では，ここまで見たような実名制 SNS の利用が，就職活動のゴールである内定の取得に何らかの影響を及ぼしているか否かを検証する。

　調査期間後のサンプルの内定取得有無については，就職状況提供会社から別途データを受け取っている。ここではこの変数を被説明変数の一つとして用いる。ただし，このデータは調査対象である大学生個々人の事後的な申告によるものであるため，情報が存在するのは全サンプルのうち 2,576 名分のみである。申告しなかった者は内定を得られていない場合もあるが，逆に内定を取得して就職情報がもはや不要になったために放置している場合もある。したがって，ここではこの学生側の申告有無がランダムに生じているという強い仮定を置かざるを得ない。

　原則実名制である Facebook を利用しており，かつ実名制 SNS を就職活動に利用していると回答した学生を 1，それ以外を 0 とするダミー変数をあらためて作成した。この変数を「FB 就活利用」と呼んでおこう。この FB

図2 分析枠組みのイメージ

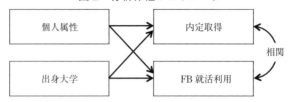

就活利用と内定取得の相関を検証することが分析の目的となる。ただし留意しなくてはならないのは，前述の記述統計量による分析からも分かるように，FB 就活利用もまた大学カテゴリーや個人属性などに影響される内生変数と考えられる点である。したがって，内定取得と FB 就活利用の両方について他の説明変数の影響をコントロールした上で，なおそれらの間に相関が見られるか否かを確認しなくてはならない。分析枠組みのイメージを図2に示す。

この推定の結果を表5に示す。最初に全サンプルを用いた推定の結果を確認する。まず内定取得に対する個人属性ダミーについては，ベースとなっている学部男子文系と比べて，学部女子文系の係数が有意に負，大学院男子理系の係数が有意に正と推定されている。また，大学カテゴリダミーについては，ベースとなっているその他の大学に比べて，主要国立大学の係数推定値が有意に正となっている。これらの属性や大学カテゴリーが就職に際して有利あるいは不利に働くというのは理解しやすい結果であろう。

一方，FB 就活利用の推定結果を見ると，個人属性ダミーでは学部理系男子，学部理系女子，大学院理系男子の係数が有意に負と推定されている。総じて理系学生の SNS 利用への消極性がうかがえる結果である。しかし，上述のように大学院理系男子の内定取得率は相対的に高く，また学部理系の男女も他と比べて特に内定取得率が低いわけではない。したがって，これらの係数の推定結果は内定取得と FB 就活利用の関係の希薄さを示唆するものといえよう。また，大学カテゴリダミーの係数推定値はいずれも非有意であった。主要国立大学では Facebook そのものの利用度が高い代わりに就職活動への利用度は低い。FB 就活利用はそれらを掛け合わせて作成した変数であるから，ここで係数の推定値が有意にならないのは予想された結果である。

表5 二変量プロビットモデルの推定結果

被説明変数	説明変数				全サンプル 係数	全サンプル 標準誤差	主要大学 係数	主要大学 標準誤差	その他の大学 係数	その他の大学 標準誤差
内定取得	個人属性ダミー	学部	男子	理系	0.086	0.126	0.101	0.353	0.086	0.135
			女子	文系	-0.281***	0.086	-0.399*	0.238	-0.267***	0.092
		大学院	男子	理系	-0.030	0.111	0.145	0.359	-0.042	0.118
				文系	-5.556	4794.870	-4.867	849.298	-4.301	221.404
			女子	文系	0.384***	0.137	0.399	0.293	0.387**	0.158
				理系	-0.183	0.361	-0.098	0.718	-0.207	0.422
					0.202	0.164	0.282	0.340	0.173	0.192
	大学カテゴリダミー	関西主要私大			0.262	0.173	-0.052	0.225		
		関東主要私大			0.224	0.148	-0.018	0.261		
		主要国立大学			0.305**	0.143				
	定数項				-0.855***	0.074	-0.552**	0.231	-0.859***	0.079
FB就活利用	個人属性ダミー	学部	男子	理系	-0.381***	0.136	-0.178	0.375	-0.410***	0.146
			女子	文系	0.073	0.080	-0.073	0.233	0.088	0.086
		大学院	男子	理系	-0.340***	0.114	-0.351	0.400	-0.336***	0.120
				文系	0.385	0.458	0.617	0.912	0.295	0.535
			女子	文系	-0.409***	0.156	-0.240	0.306	-0.504***	0.190
				理系	-0.909***	0.484	-5.338	1829.124	-0.738	0.510
					-0.087	0.176	-0.070	0.350	-0.069	0.195
	大学カテゴリダミー	関西主要私大			0.066	0.146	0.124	0.226		
		関東主要私大			0.230	0.151	0.212	0.263		
		主要国立大学								
	定数項				-0.720***	0.071	-0.741***	0.236	-0.725***	0.076
	サンプルサイズ				2340		271		2069	
	対数尤度				-2286.571		-295.944		-1987.633	
	Wald検定	chi2			chi(20) = 107.02		chi(18) = 16.73		chi(14) = 72.36	
		Prob>chi2			0.000		0.542		0.000	
被説明変数間の相関	相関係数 (ρ)				0.071		0.206		0.047	
	Wald検定 (ρ=0)	chi2			chi(1) = 2.705		chi(1) = 3.264		chi(1) = 0.995	
		Prob>chi2			0.100		0.071		0.318	

注) 係数推定値に付されたアスタリスクは，それぞれ*p<0.1，**p<0.05，***p<0.01 を示す。

最後に，これらの説明変数をコントロールした上での内定取得とFB就活利用の相関を確認する。表5の最下段に示した推定結果を見ると，相関係数の推定値は 0.071 とごく小さく，検定の結果も有意とはいえない。この結果から見る限り，FB就活利用と内定取得の間には特段の相関関係はないと判断しなくてはならない。

次に，サンプルを主要大学（主要国立大学，関東主要私大，関西主要私大）とその他の大学に分けて同じ分析を試みた。まず主要大学の推定結果を見ると，まず有意な係数推定値がほとんどなく，ワルド検定の結果も全係数が 0 である可能性を棄却できていない。つまりこれらの大学にサンプルを限れば，内定取得やFB就活利用に属性別・大学カテゴリー別の相違は特に見られないということになる。その上で被説明変数間の相関を確認すると，ここでは相関係数は 0.206 と推定され，10% 水準で見れば有意と判断できる結果となっている。

他方，その他の大学だけにサンプルを限定した推定の結果は，先に見た全サンプルの推定とほぼ同じ結果になっている。すなわち，内定取得には学部女子文系が負，大学院男子理系が正の影響を与え，FB就活利用は理系が低い傾向を示している。また，被説明変数間の相関係数はやはり非有意であり，その推定値は全サンプルの場合よりもさらに小さく推定されている。サンプルの大多数を占めるこのカテゴリーにおいても，やはりFB就活利用や内定取得に特段の影響を与えていないと考えられよう。

5 結 語

本章では，就職活動中の大学生に対して独自に実施された調査のデータを用いて，就職活動における実名制SNS利用の効果が見られるか否かを検討した。

その結果，まず記述統計レベルの検討から，実名制SNSの代表格であるFacebook の利用度に大学カテゴリー間の相違があることが示された。すなわち，主要国立大学での利用度が比較的高く，それらや主要私大を除いた他

の大学での利用度が比較的低かった。一般に，主要大学の学生の内定取得率が相対的に高いとすれば，ここから内定取得と SNS 利用度の疑似的な相関が見出されてしまう可能性があるだろう。

　次に，就職活動における実名制 SNS の利用状況を確認したところ，その主な用途は SNS 上の企業ページの閲覧や，同学年の就職仲間とのネットワーキングなどに留まっていることが確認された。この実態は，就職活動関連の書籍などで盛んに勧められている SNS の使い方とはかなり異なるものであった。

　さらに，内定取得に対するその影響を推定したところ，全体的な傾向としては，Facebook に代表されるような実名制 SNS の利用は内定取得率に特段の影響を与えていない可能性が示された。このような傾向は，主要大学を除いたサンプル（その他の大学）において一層顕著であった。第 3 節の記述統計量によって示されたように，主要大学を除いたサンプルでは Facebook そのものの利用度は比較的低いが，その利用者たちによる就職活動への利用度は逆に主要大学よりも高かった。しかしながら，第 4 節の推定結果は，それが実際の内定取得には必ずしも繋がっていないことを示した。

　一方，主要大学（主要国立大学，関東主要私大，関西主要私大）に限定したサンプルでは，内定取得と Facebook の就職活動への利用に 0.2 程度の相関係数が 10% 有意水準で認められた。つまり，実名制 SNS 利用の効果は，大学カテゴリーによって異なるということになる。主要大学の学生は，より有用な情報をもたらすような「就活仲間」の獲得に成功しているのかもしれない。あるいは，SNS 経由で企業情報を得るところまでは同じでも，そこから先の情報の活かし方に違いがあるという可能性も考えられよう。いずれにせよ，主要大学に籍を置く学生は，そうでない者と比べると大学の知名度や従来的なネットワーク等，SNS 以外の有利な要素を持っている。そのような素地があった上で，さらに SNS を就職活動に利用した場合には，利用しない者に比べて若干の優位性が生じるということであろう。ただし上記の相関係数に表れているように，その効果は必ずしも大きなものではない。

　総じて，本章の分析結果は，SNS の利用それ自体がただちに就職活動の成功率を大きく向上させるわけではないことを示唆した。近年注目されるこ

との多い SNS であるが，就職活動の成否に対するその効果には慎重な目を向ける必要があろう。冒頭に指摘したように，昨今の大学生は「ソー活」という言葉で煽られ，そこに心理的な負担を感じる者がいる可能性も高い。しかし本章の分析結果から見る限り，そのような負担に見合うだけの効果がSNS から確実に得られているとは考えにくい。少なくとも現段階においては，就職活動における SNS への期待は過剰であると思われる。この分析結果が研究者のみならず，広く学生までに伝わる必要性は高いと思われる。

　まずは，SNS は情報入手の一手段であり，書籍や雑誌，新聞などの有効性も依然として高いこと（e.g. 田中・佐藤・上西・梅崎・中野 2011）を確認すべきであろう。その一方で，主要大学の学生の分析結果から，SNS をある程度有効に利用している可能性も示唆された。これらの結果を踏まえて，「利用しつつも過度な期待はしない」という SNS リテラシーの育成が，大学などの教育機関には求められているといえよう。

　たとえば，近年の大学では，不用意な投稿が不特定多数の反発を買い，抗議や非難が殺到する状態（いわゆる「炎上」）を防止するためにガイドラインが作成されている[11]。このようなリスクから学生を守ることも必要ではあるが，一方で積極的なアプローチも必要であろう。たとえば，Facebookの「グループ」機能では，クローズドなメンバー間のやり取りが可能である。演習系の授業で班ごとに作業を進める際に，情報をやり取りしたり，必要なファイルをオンラインにアップロードしたりすることも可能である。このようにまずは親しい少人数の中で使い方を覚えていった後に，一般向けに学習成果を公開するというようなアプローチも可能であろう。

注
1)　たとえば，Facebook には，コネクションリサーチという機能があり，リクナビと連動している。
2)　企業側に対する書籍としては，例えば肥田義光著『なぜ，Facebook で優秀な人材が採用できるのか』（幻冬舎，2011）などがある。
3)　Facebook は，2004 年にアメリカ合衆国の学生向けにサービスを開始し，2006 年以降は一般にも開放された。日本語版は 2008 年に公開されている。
4)　mixi は，2004 年 2 月にサービス開始された。mixi の特徴は，すでに入会している登録ユー

ザーから招待を受けないと利用登録ができないという，完全招待制であった（現在は，招待
状無しでも参加できる登録制）。

5) たとえば，読売新聞（2012年5月10日）「「ソー活」で内定目指せ」では，「ソーシャル・
ネットワーキング・サービス（SNS）の"ソー"と，SNSによって就職活動中の学生と企業
が"双"方向の情報のやり取りがしやすくなったことに着目した言葉」と説明されている。

6) ただし，日本においては強いソーシャル・ネットワークのほうが就職には有利であるとい
う分析結果もある（渡辺1991, 1999）。

7) 苅谷（1991）では，高卒就職市場を分析し，高校と企業のネットワークの重要性と高校内
における選抜機能を分析している。大卒就職市場と違うのは，人と人とではなく，組織と組
織の関係に就職・採用活動が埋め込まれている点である。

8) IR情報，有価証券報告書，一般向けビジネス雑誌，専門雑誌・新聞，新聞・雑誌記事のデー
タベース，プレスリリースなどが含まれる。

9) 他に，「SNSを利用しない」と回答しているにもかかわらず，次の設問でその具体的用途を
答えている者も29名存在した。これらも回答に矛盾がある者と見なして分析から省いてい
る。

10) たとえば，梅崎・田澤（2012）参照。

11) たとえば，朝日新聞（2013年1月9日）「ネット炎上，大学が予防策 指針作り，学生投
稿に注意喚起」の記事では，TwitterやFacebookなどの交流サイトのトラブル防止に，大学
が力を入れ始めた様子が示されている。「不用意な投稿が不特定多数の反発を買い，抗議や非
難が殺到する「炎上」の状態になれば，学生の将来にも影響しかねない」（p. 1）との危機感
が背景にあることを示している。

引用文献

梅崎修・八幡成美・下村英雄・田澤実（2010）「ソーシャル・ネットワークの構築が進路意識に
　　与える影響――「高校生のキャリア意識調査」の分析」，法政大学キャリアデザイン学会紀
　　要『生涯学習とキャリアデザイン』7: 123-134頁（「第5章　人間関係の構築と進路意識
　　――高校生に対するキャリア意識調査」，梅崎修・田澤実編著（2013）『大学生の学びと
　　キャリア――入学前から卒業後までの継続調査の分析』法政大学出版局: 101-116頁）

梅崎修・田澤実（2012）「大学教育と初期キャリアの関連性――全国大学4年次と卒業後2年目
　　の継続調査」『日本労働研究雑誌』54（619特別号）: 64-76頁（「第4章　教育効果の大学間
　　格差――全国の大学4年生と卒業後2年目の継続調査」，梅崎修・田澤実編著（2013）『大
　　学生の学びとキャリア――入学前から卒業後までの継続調査の分析』法政大学出版局: 77-
　　97頁）

苅谷剛彦（1991）『学校，職業，選抜の社会学――高卒就職の日本的メカニズム』東京大学出版
　　会

苅谷剛彦・沖津由紀・吉原惠子・近藤尚・中村高康（1993）「先輩後輩関係に"埋め込まれた"
　　大卒就職」『東京大学教育学部紀要』32: 89-118頁

苅谷剛彦・本田由紀（2010）『大卒就職の社会学――データからみる変化』東京大学出版会

田中賢久・佐藤厚・上西充子・梅崎修・中野貴之（2011）「大学生の就職活動における情報活
　　用の意義――大学4年生調査の分析」『キャリアデザイン研究』7: 175-184頁（「第4章　情
　　報活用が就活に与える影響」，平尾智隆・梅崎修・松繁寿和編著（2013）『教育効果の実証
　　――キャリア形成における有効性』日本評論社: 67-82頁）

渡辺深（1991）「転職――転職結果に及ぼすネットワークの効果」『社会学評論』42(1): 2-15頁

—— (1999) 『「転職」のすすめ』講談社現代新書

Granovetter, Mark（1973）"The Strength of Weak Ties," *American Journal of Socialogy*, 78(6): 1360–1380.

—— (1995/1974) *Getting a Job: A Study of Contact and Careers*, Chicago: University of Chicago Press（『転職——ネットワークとキャリアの研究』渡辺深訳，ミネルヴァ書房，1998 年).

第4章

教員の就職活動へのかかわり方

1　問題の所在

　本章では，全国の大学生を対象にしたアンケート調査のデータから，学生と教員との関わりが就職決定（内々定の獲得）に与える影響を統計的に明らかにする。

　「ゆとり教育世代」の大学入学，4年制大学進学率の50％突破などさまざまな社会環境の変化に起因する学生の量的・質的変容が指摘されて久しいが，このような変化の中で，学生と教員の関係は一昔前とは違ったものになってきていると考えられる。

　誤解を恐れずに言えば，18歳人口のおよそ半分が大学に進学する現在，大学には教員が手取り足取り教えなくても主体的に学ぶ学生がいる一方で，大学や教員の学習支援なしには自律的に学習できない（しない）学生がおり，いわゆる入試難関校でない大学（非難関校）において後者の学生の割合が高くなってきているのが実情であろう。その意味では，かつて「研究者」であればよかった教員は，現在「教育者」としての役割を果たすことがあらためて求められているといえる。

　このような状況の中，文部科学省は2000年前後を境に，学生の学習活動を支援する取り組みとその充実を報告・答申を通して後押ししてきた。実際，教員に学生への関わりを促進し，オフィス・アワーなどの実施を求める報告・答申が繰り返し行われてきた（以下に一部を抜粋）。

　大学審議会（1997）
　　学生が事前・事後に教室外において相当時間分学習を行うように指導上

工夫することが，教員の責任である…

中央教育審議会（1999）

　履修相談，履修指導を有効に行うため，入学時からの指導教官制（チューター）を導入すること…

文部科学省高等教育局（2000）

　今後は，入学の時点から卒業まで教員と学生が人格的にふれあい，修学上の助言や学生の個人的な相談に乗ることなどを通じて，教員が学生をきめ細かく指導するチュートリアル・システムを積極的に導入することが重要である。

大学審議会（2000）

　各大学においては，学生に自らの能力を認識させ，（中略）個別の学習指導の充実や少人数教育の促進とともに，授業を受ける学生に対して教員が相談に応ずる専用の時間帯（オフィス・アワー）を設けたり，ティーチング・アシスタント等を活用したりするなど，きめ細かな学習指導を行う体制を充実する必要がある。

中央教育審議会（2012）

　学生の主体的な学修の確立のために，教員と学生あるいは学生同士のコミュニケーションを取り入れた授業方法の工夫，十分な授業の準備，学生の学修へのきめの細かい支援などが求められる。

　以上のような報告・答申を受けて，大学は不断の改革・改善を行い，学生の学びと成長を支援する教育実践を積み重ねている[1]。講義を中心としたこれまでの伝統的な知識伝達型の教育だけではなく，授業の時間だけにとどまらない「関わり」を重視した教育が付加されてきている。そして，そのような取り組みの帰結として，学生と教員の関係が密になると同時に，学生の学びが促進され，種々の能力向上がよりよい初期キャリアにつながると暗黙裏

に期待されるわけである。しかし実際，学生と教員の関わりについて，その効果を実証した研究は，管見の限りほとんど見当たらない。本章では，政策および教育実践の評価として検証される必要のあるこの重要な課題を取り扱う。

　その際に注意しなければならないのは，同じ政策や教育実践でも効果を持ちうる条件が異なる可能性があるということである。「マージナル大学」の概念を提唱した居神（2010）は，「伝統的な大学・大学生像では把握し得ない変化が，受験者の選抜機能を大きく低下させた「非選抜型大学」において生じている」（p. 28）ことを指摘し，「マージナル大学」の教員は，「研究者としての実在にこだわることなく，学生の「分からなさ」にとことんまで付き合う」（p. 35）ことの必要性を述べている。また，寺崎（2014）は，ノンエリート大学では「大学に話しやすい先生・職員がいる」という学生の割合が高いこと示し，そこでは学生集団としてのつながりよりも，教員と学生の一対一の関係が重要になっている可能性を示唆している。先に見た報告・答申は一様に大学に向けたメッセージになっているが，居神（2010）や寺崎（2014）の言及に鑑みれば，学生と教員の密な関係性は，非難関校においてより強く求められ，その効果が発揮されることが期待されているのかもしれない。

　教育の効果が発揮されうる条件を特定していくという意味で，本章では，難関校と非難関校における学生と教員の関わりを比較する。そのうえで，効果測定のみならず，効果が発揮されうる条件についても検討する。

2　先行研究

　大学において教員と学生が関わる最も重要な場は，授業をはじめとする正課教育の場であろう。正課教育の実践は，学生の学びに対する教員の関与そのものであり，そこでは学力・成績や学習意欲など教育の基礎的な成果が追求されてきた。

　高等教育研究の分野では，近年，大規模調査が行われることで教育成果に

関する研究の蓄積が急速に進んでいる。例えば，米国の大学生調査（College Student Survey）と新入生調査（The Freshman Survey）をモデルに開発された日本版大学生調査 JCSS による研究成果はその代表的なものであろう（山田 2012, 2009 など）。同様に，東京大学大学院教育学研究科大学経営・政策研究センターは，高校生，大学生，職業人，事務職員，大学教員と高等教育関係者について網羅的に調査を行っており，このプロジェクトを通じて高等教育に関わるさまざまな研究成果が蓄積されている[2]。

　また，個別大学の特性を考慮するという意味から，IR（Institutional Research）の延長線上での研究成果も積み上がってきている。教員と学生の関わりという点から，例えば，木野（2008）は，授業における学生と教員のコミュニケーションが授業外学習時間や授業理解度の向上に大きく寄与していることを明らかにしている。同じ大学の学生データを用いた岡田ほか（2011）の研究においても，教員・学生間のコミュニケーションが学習への取り組み方に対してポジティブな影響を与えていることが明らかにされている。キャリア教育については，例えば，居神（2010, 2015）において，「マージナル大学」の教員が取り組むべきことについて問題提起やさまざまな教育実践の紹介がなされている。

　これらの研究では，教員と学生の関わりは，正課教育内でのそれが中心的に捉えられており，授業時間にとどまらない関わりについては射程の外にある。また，効果測定も教育の内部効果の範囲内にとどまっており，就職や初期キャリアといった外部効果にまで，その測定が及んでいないという限界もある[3]。

　一方で，学生の就職に関する研究に目を移すと授業や学力（大学の成績）だけでなく，広い意味での関わり研究としてソーシャル・ネットワークの重要性がよく指摘される。OB・OG やサークル活動というソーシャル・ネットワーク形成が就職や初期キャリアへ与える影響について，研究の蓄積は厚い。例えば，浦坂（1999）は 5 大学のサンプルを基に OB ネットワークの就職に対する個別効果を確認している。梅崎（2004）はさらに分析を進め，OB ネットワークの就職に対する効果は，スポーツ系サークルの場合は効果が発揮されないなど，その種類によって差があることを発見している。また，

堀（2009）は労働政策研究・研修機構によって行われた大規模調査のデータを用い，大学というソーシャル・ネットワークそのものが持つ就職への影響を調べている。そこでは，「ソーシャル・ネットワークの中に大学が含まれていることは，より良い移行に結びつ」（p. 47）き，「相対的にマージナルな大学の学生のソーシャル・ネットワークにおいて大学が重要である」（p. 48）ことが述べられている[4]。

堀（2009）の研究からは，就職に重要なソーシャル・ネットワークの形成について，大学内において教員が関与している（できる）可能性を垣間見ることができる。すなわち，教員と学生が大学内で密な関係を築くという営みの中には，学生が学内外の多様な他者との関係を新たに築ける機会が埋め込まれており，教員が授業以外の場で学生との関わりを持つことの社会的な有用性を見出すことができる。

加えて，関係する研究としては，大学生の人間関係の現状を取り扱ったものを挙げることができるだろう。例えば，舘野（2014）は，全国大学生活協同組合連合会の調査から，「大学生の人間関係」の特質として，「豊かな人間関係」が重視されなくなる一方，親密な仲間のみとの人間関係の親密化・緊密化が進んでいることを指摘している。また，児島（2011）は，下位大学における学生生活の特質を明らかにする過程の中で「下位校学生の社会的ネットワークには，大学内での友人関係が相対的に「薄い」という特徴がある一方で，学内での関係性の存在が学習への関与に相対的に強く関連している」（p. 178）というジレンマを明らかにしている。このことから，難関校と非難関校では大学の質が異なっており，教員と学生の関係の様相やその帰結がかなり異なってくるのではないかと考えられる。

そこで，本章では，学生と教員の関わりとその成果となる就職決定の関係を分析し，十分に検討がなされていないこの研究課題への貢献を果たす。以下では，データ収集のための調査の説明を行い，実証分析を行っていく。

3　分析に使用するデータ

　本章で用いるデータは，株式会社マイナビ（以下，マイナビ）が登録会員（2015 年 3 月卒業予定者）にインターネットを通じて行った 2 つのアンケート調査のデータを ID 情報によって結合したものである。これらの調査は，マイナビが登録会員にウェブでアンケート調査を依頼したもので，ひとつは 2014 年 4 月末現在で内々定を獲得しているか否かを調べた調査であり，いまひとつは 2013 年 12 月（3 年次時点）に実施された学生生活に関わる調査である。ここでは，前者を「内々定調査」，後者を「学生生活調査」と呼ぶことにする。分析を進めるにあたり，「内々定調査」に回答し，かつ「学生生活調査」にも回答している者について，両者を結合した匿名の個票データがマイナビより筆者らに提供された。

　それぞれの調査概要について記しておく。「学生生活調査」は，2013 年 12 月上旬〜2014 年 1 月上旬にかけてマイナビ就職情報サイト登録会員にウェブサイトを通じて依頼されたもので 5,663 名から回答を得ている。また，「内々定調査」は 2014 年 4 月下旬〜5 月上旬にかけて，同じく就職情報サイト登録会員にウェブサイトを通じて依頼されたもので 6,423 名から回答を得ている。これらの調査は，目標回答数に達すると調査を打ち切るかたちで行われている。分析は，両調査に回答した 2015 年 3 月卒業予定の文系大学 4 年生で，使用する変数に欠損のない者 876 名を対象としている。なお，文系を対象とした理由は次節で説明する。

　このようなモニター調査については，サンプリング・バイアスの問題が生じる可能性がよく指摘される（e.g. 本多 2006；樋口ほか 2012）。標本が本研究の想定する母集団（日本の大学生）と同じ傾向を示すかどうかという点について，ランダム・サンプリングによる標本抽出が行えていないことには留意する必要がある。

　データの代表性の確認のために可能な限り公的統計等との比較を行っておこう。表 1 は，文部科学省・厚生労働省が実施している「就職内定状況等調

査」とサンプルの内々定率を，分析の対象となる文系大学生について比較したものである。「就職内定状況等調査」は10月1日現在の内定率を，本調査は4月末時点の内々定率を調査しているので，時間の関係を考えれば，後者より前者のほうが高くなると考えられる。表1ではそのような関係が確認され，私立よりも国公立のほうが有利な構造も同じである。

また，表2は学校基本調査の専攻別卒業生数とサンプルを比較したものである。学校基本調査から文系もしくは文系を含む専攻の男女比を掲載している。社会科学を除けば，女子学生のほうが多い傾向はサンプルと同じである。

これらだけをもって代表性の確認ができるわけではない。しかし，一定限界のあるデータでも分析を行うことで，社会的な議論に寄与する結果を発信し，推計値の補正を可能にする従来型の調査の実施を促していきたいと考えている。それゆえ，このデータを分析する価値は十分にあると思われる。また，4月末時点の内々定獲得状況のデータが使えることにも意味がある。調査対象者の就職活動スケジュールを規定した日本経済団体連合会「採用選考

表1　サンプルの比較（内定率）

		就職内定状況等調査 （内定率：％）	A社調査サンプル （内々定率：％）
（文系）	大学	67.3	39.2
	国公立	69.8	40.7
	私立	66.7	38.7

出典：平成26年度大学，短期大学，高等専門学校及び専修学校卒業予定者の就職内定状況等調査（10月1日現在）。

表2　サンプルの比較（専攻別男女比）

	男子	女子	男子比率（％）	女子比率（％）
人文科学	27,398	57,958	32.1	67.9
社会科学	122,388	67,953	64.3	35.7
家政	1,570	15,481	9.2	90.8
教育	16,900	26,099	39.3	60.7
芸術	4,157	11,812	26.0	74.0
その他	16,766	18,800	47.1	52.9
A社調査	260	616	29.7	70.3

出典：学校基本調査（平成27年度版）

に関する企業の倫理憲章」（2011年3月15日改訂版）に従えば，広報活動の開始は「卒業・修了学年前年の12月1日以降」，選考活動の開始は「卒業・修了学年の4月1日以降」となっている。それゆえに4月末時点の内々定獲得は学生に人気のある条件の良い就職先をめぐって競争が行われている最中であるということができ，このデータを用いることで条件の良いキャリアの出発点に教員と学生の関係性が与える効果を分析できることになる。さらに，同じ調査者によって同じ母集団に対して2時点で個人を特定できるかたちで調査が行われており，先行する「学生生活調査」が原因，「内々定調査」が結果として捉えられ，時間的に因果の関係が判別できる点も利点である。

4　実証分析

(1) 使用する変数

　本章では学生と教員の関わりを説明変数，調査時点での内々定獲得の有無を被説明変数とした分析を行う。分析は文系学生を対象とした。その理由は，理系学部ではほぼすべての学生について研究室への配属が行われる実態もあり，学生と教員の関係はそれなりに密であること，またそのようなことから推定モデルが説明力を持たなかったためである。

　説明変数には，「学生生活調査」より得られるデータを用いる。「学生生活調査」では種々の事柄が質問されているが，教員との関わりについては，「大学の先生と話をするなど交流の機会がどれくらいありますか」という質問項目の答え（まったくない～よくある：4段階）をダミー変数化したものを用いる。なお，この質問項目で「まったくない」と答えた者は，文系全体で4.8％しかいなかったため，推定が不安定にならないよう「まったくない」と「あまりない」と答えた者をたしあわせ，分析では「まったく・あまりない」「ややある」「よくある」の3つのダミー変数を用いることにした。

　また，属性・基本的な学生生活状況等のコントロール変数については，女性ダミー，サークル活動ダミー，アルバイトダミー，成績（優の割合），一

日の平均的な授業受講時間，大学種別ダミー，居住地域ダミーを用いる[5]。

被説明変数は，「内々定調査」より得られる内々定獲得の有無（二値確率変数）である。内定を獲得していれば1の値を，獲得していなければ0の値をとる。

変数の記述統計量については，表3を確認されたい。推定の前に，いくつかの変数について，難関校（国公立，難関私立）と非難関校（その他私立）での比較を行っておこう。内々定獲得率は，難関私立53.4%，国公立40.7%，その他私立34.0%の順となっており，非難関校の苦戦が目立つ。その一方，成績や授業受講時間は，国公立や難関私立よりその他私立のほうが高い値を示している。

教員との関わりについては，「よくある」「ややある」をたした割合は，国公立67.9%，その他私立66.8%，難関私立50.9%の順となっており，難関私立の学生が一番教員との関わりを持っていない。文系難関私立には学生数が多いマンモス校が多く含まれており，教員1人当たり学生数も平均的に多くなると考えられ，学生と教員の関わりが他の大学群よりも薄くなるためと推察される。

(2) 推定結果

それでは，それぞれの要因を制御した後には，どのような結果を得ることができるだろうか。前述の通り，被説明変数が内々定獲得の有無を示す二値確率変数なので，本研究ではプロビット分析を採用する。分析結果を表4に示している。結果は，説明変数1（単位）あたりの被説明変数の変化量を示す限界効果で示されている。符号の向きと有意確率に注目して分析結果を見てみよう。

まず，推定（1）で文系全体の傾向を確認すると，教員との関わりについて，「よくあるダミー」が正で有意（10%水準）になっている。「ややあるダミー」は有意ではないが，符号の向きは正である。教員との関わりが多ければ，内々定獲得の確率は高くなることがわかる。

しかし，サンプルを国公立，難関私立，その他私立に分けて推定を行うと，国公立と難関私立では教員との関わりは内々定獲得に影響が確認できないと

表3 記述統計量

変数	変数の作成方法	全体 平均	全体 標準偏差	国公立 平均	国公立 標準偏差	難関私立 平均	難関私立 標準偏差	その他私立 平均	その他私立 標準偏差
就職状況									
内々定獲得ダミー	4月末で内々定を獲得＝1、それ以外＝0	0.392	0.488	0.407	0.493	0.534	0.500	0.340	0.474
個人属性・学生生活									
女性ダミー	女性＝1、それ以外＝0	0.703	0.457	0.714	0.453	0.632	0.484	0.722	0.449
サークル活動ダミー	サークルに所属＝1、それ以外＝0	0.608	0.488	0.709	0.456	0.681	0.468	0.547	0.498
アルバイトダミー	アルバイトに従事＝1、それ以外＝0	0.717	0.451	0.688	0.464	0.761	0.428	0.714	0.452
成績	優の割合（0～10割の11段階）	5.943	2.096	6.090	2.031	5.055	2.175	6.167	2.025
授業受講時間	平均的な1日の授業受講時間	3.890	1.839	3.503	1.915	3.847	1.989	4.054	1.737
教員との関わり									
全く・あまりないダミー	全くない・あまりない＝1、それ以外＝0	0.360	0.480	0.322	0.468	0.491	0.501	0.333	0.472
ややあるダミー	ややある＝1、それ以外＝0	0.433	0.496	0.508	0.501	0.331	0.472	0.436	0.496
よくあるダミー	よくある＝1、それ以外＝0	0.208	0.406	0.171	0.377	0.178	0.384	0.232	0.422
居住地域									
北海道・東北ダミー	居住地が北海道・東北＝1、それ以外＝0	0.065	0.247	0.116	0.321	(omitted)		0.066	0.249
関東ダミー	居住地が関東＝1、それ以外＝0	0.390	0.488	0.206	0.405	0.497	0.502	0.428	0.495
東海・甲信越・北陸ダミー	居住地が東海・甲信越・北陸＝1、それ以外＝0	0.148	0.356	0.236	0.426	0.061	0.241	0.142	0.349
関西ダミー	居住地が関西＝1、それ以外＝0	0.264	0.441	0.181	0.386	0.399	0.491	0.253	0.435
中国・四国ダミー	居住地が中国・四国＝1、それ以外＝0	0.041	0.199	0.095	0.295	(omitted)		0.033	0.179
九州・沖縄ダミー	居住地が九州・沖縄＝1、それ以外＝0	0.091	0.288	0.166	0.373	0.043	0.203	0.078	0.268
大学									
国公立ダミー	国公立大学に通学＝1、それ以外＝0	0.227	0.419						
難関私立ダミー	本文注5を参照	0.186	0.389						
その他私立ダミー	国公立・難関私立以外に通学＝1、それ以外＝0	0.587	0.493						

表 4　大学の先生との交流が内々定獲得に与える影響

	推定 (1) 全体		推定 (2) 国公立		推定 (3) 難関私立		推定 (4) その他私立	
	限界効果	標準誤差	限界効果	標準誤差	限界効果	標準誤差	限界効果	標準誤差
個人属性・学生生活								
女性	-0.132**	0.038	-0.219*	0.089	-0.096	0.085	-0.134**	0.050
サークル活動	0.109**	0.034	0.052	0.081	0.204*	0.086	0.089*	0.043
アルバイト	0.157***	0.036	0.325***	0.070	-0.018	0.092	0.146**	0.044
成績	0.005	0.009	0.023	0.020	0.011	0.019	-0.001	0.011
授業受講時間	-0.009	0.010	-0.003	0.020	0.008	0.022	-0.020	0.013
教員との関わり								
全く・あまりない	ref.		ref.		ref.		ref.	
ややある	0.019	0.039	-0.026	0.083	-0.145	0.093	0.091+	0.051
よくある	0.079+	0.048	-0.044	0.108	0.115	0.108	0.149*	0.063
居住地域								
北海道・東北	-0.006	0.069	0.218	0.133	(omitted)		-0.080	0.079
関東	ref.		ref.		ref.		ref.	
東海・甲信越・北陸	-0.001	0.052	-0.096	0.101	-0.168	0.170	0.096	0.068
関西	-0.054	0.042	0.000	0.114	-0.178	0.088	-0.004	0.053
中国・四国	-0.199*	0.070	-0.020	0.142	(omitted)		-0.300**	0.049
九州・沖縄	-0.069	0.062	-0.061	0.119	-0.008	0.220	-0.045	0.081
大学								
国公立	ref.							
難関私立	0.102+	0.058						
その他私立	-0.072+	0.044						
観測数	876		199		163		514	
カイ 2 乗値	64.48		23.46		16.72		40.35	
対数尤度	-551.38		-120.74		-104.10		-306.83	

注)　***0.1% 水準有意，**1% 水準有意，*5% 水準有意，+10% 水準有意。標準誤差は頑健な標
　　準誤差である。ref. はリファレンスグループをあらわす。

いう結果になった。影響が確認できるのは，その他私立のみである。すなわ
ち，推定 (1) の文系全体の結果は，これらの効果が相殺された結果と考える
ことができる。

　また，すべての推定において，成績および授業受講時間の影響力が確認さ
れないことに鑑みれば，その他私立での教員と学生の関係の中には，正課の
授業から得られる質的効果（成績）やその量の多さ（授業受講時間）ではな
い，正課を離れた場における教員と学生の関係が生み出す独自の効果がある
といえよう[6]。

第 4 章　教員の就職活動へのかかわり方　　67

（3）考察

　難関校と非難関校を比較した場合，難関校では教員と学生の関わりは就職結果に影響を与えないが，非難関校ではその影響が確認できる結果となった。それでは，なぜ難関校で効果が確認できず非難関校で効果が確認されるのであろうか。

　先の推定結果は，成績や授業受講時間といった正課教育の影響とサークルやアルバイトといった学生の主要な活動経験を制御した上での，教員・学生関係の内々定獲得への独立の効果を示したものである。その意味では，非難関校の教員の学生への関わりは，従来の正課教育における学習の効果ではなく，また，学生による自律的活動の効果でもない。

　それでは，非難関校において教員の関わりは，どのような機能を持っているのであろうか。1つの推察として，教員の関わりがソーシャル・ネットワーク獲得のハブ機能になっていることがあげられる。2節で言及した大学それ自体が異質なソーシャル・ネットワークであり，それがマージナル大学では就職に有効に働くという堀（2009）の主張とも関係するが，非難関校の学生にとって，教員の存在は異質なソーシャル・ネットワークへの入口になっているということである。

　一方，選抜性の高い大学では，学生も全国・海外から多様な人材が集まり，自然と多様なソーシャル・ネットワーク形成ができる基盤がある上に，難関校に入学できるだけの人的資本を身につけている個人は，階層差による影響も享受しながらキャリア形成に望ましいソーシャル・ネットワークも自力で形成できる可能性が高い。つまり，難関校の学生は，学生同士，学外の社会人それぞれと関係を築く機会に恵まれている（図1）。そのような条件から，難関校における教員のパターナリズムの役割は，非難関校におけるそれよりも小さいということになる。

　その一方，非難関の大学では，堀（2009）が指摘するとおり，人間関係の広がりも小さいことが予想される。学内外の環境を利用できなければ，多様なソーシャル・ネットワークの形成は，そうでない場合に比べて広がりを持たないだろう。学生同士についても，学力以外の多様性がなければ，異質な者とふれあうことによる，いい意味でのピア効果にも恵まれない。

ただ，そのような大学では，教員はパターナリズムを発揮し，ハブとして学外者と通じることで，学生の新しい異質なソーシャル・ネットワーク形成に寄与できる可能性がある（図2）。その関わりの程度が就職決定に重要な役割を果たしていると解釈できる。

図1　難関校のソーシャル・ネットワーク形成

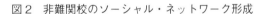

図2　非難関校のソーシャル・ネットワーク形成

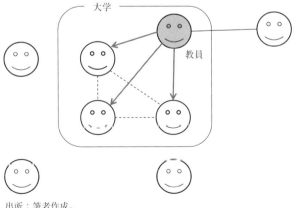

出所：筆者作成。

5 結　語

　本章では，2つの調査データを用い，学生と教員の関わりが就職決定に与える影響について分析を行った。得られた結果は，文系学生全体について，その関係性を示すものであったが，在籍する大学の設置種別によってその効果は異なることも確認された。すなわち，非難関校においてのみ効果が確認される結果となった。

　ここで得られた主要な結果とその考察を今一度整理しておこう。それを図示したものが図3である。従来，高学歴化が進行する以前は，教員と学生の関わりは授業を中心とした正課教育の場であり，教養や専門知識という学力を育み，それが就職へとつながる1つの経路を確立していた。また，就職に必要なソーシャル・ネットワークについては，学生自身がサークルやアルバイト，学外のさまざまな人間関係の中で形成し，学力以外の能力を育むことで就職に寄与してきたといえよう。

　しかし，第1節でも述べた通り，学生の質的・量的変容とともに従来の授業だけでは教育の結果が必ずしもうまくいかない場合が増加してきている。そのような環境下では，教員が積極的に学生と関わり，学生を成長させるためのソーシャル・ネットワーク形成の起点となることの重要性が増しているといえる。

　最後に，この教員と学生の関係が生み出す独自の効果について，残された

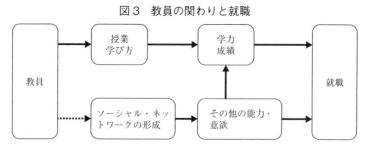

図3　教員の関わりと就職

分析の課題を述べて結語としたい。

　まず，非難関校の教員・学生の関係は，第2節で引用した居神（2010）が言うように，何においても学生の「分からなさ」にとことんまで付き合う関係になりつつあるのかもしれない。その意味で，非難関校の教員が行っている「何もしない学生」へのアウトリーチ方法や自律的な学びの活動集団形成に資するファシリテーション方法やアクティブ・ラーニングなどは，事例の共有などを含めて，今後キャリア支援の充実のために共有を行っていく必要があろう。

　ただし，難関校の教員が学生と関わる必要がないのではない。推定結果はあくまで平均的な効果を示しているに過ぎず，個別学生のレベルにまで視点を狭めれば，難関校にも就職が厳しい学生はいるであろう。平均的にその効果が観察されないというだけで，難関校の教員が就職の厳しい学生を目にした時，非難関校での実践事例は難関校の教員にとっても有益であろう。

　さらに今後は，教員と学生の関係性がどのような関係なのかを見極め，教員・学生関係における質的差異をも考慮したかたちで追加的な分析を行わなければならない。

　なお，ソーシャル・ネットワークの観点から見ると，本研究の分析は，教員の関わりの影響というよりも，堀（2009）のいう大学それ自体が持つネットワーク異質性の程度という学校効果のみを拾っている可能性もある。その意味で，特に，非難関校において，教員を通してどのようなソーシャル・ネットワークが得られているのかについては追加的に分析する必要がある。

注
1）　その成果として，例えば，文部科学省（2015）などを見ると，全学的な履修指導または学修支援制度の取組として，オフィス　アワ　を導入している大学は，平成23（2011）年度の79.2%から平成25（2013）年度には86.0%へと増加している。
2）　その他，大学生論として溝上（2001, 2002, 2004）の一連の研究を挙げることができる。また，東京大学大学院教育学研究科大学経営・政策研究センターの調査については，ウェブサイトにその詳細があるのでそちらを参照されたい。http://ump.p.u-tokyo.ac.jp/crump/（最終アクセス：2018年11月20日）
3）　潮木（1987）は，その「はしがき」で教育の内部効果と外部効果という用語を使用してい

る。内部効果は「教育システム内部の効果」，外部効果は「（教育の）生活の質，経済，政治，社会構造との関連」として示されている。

4) 加えて，若者の就労について，ソーシャル・ネットワークおよび社会的排除という文脈からもいくらかの研究がある。例えば，轡田（2011），久木元（2007），樋口（2006）などを参照されたい。

5) 大学種別ダミーは，国公立ダミー，難関私立ダミー，その他私立ダミーを作成した。難関私立ダミーには，早稲田，慶應義塾，上智，明治，法政，立教，青山学院，中央，学習院，国際基督教，津田塾，東京理科，南山，関西学院，関西，同志社，立命館，西南学院が含まれる。難関校として一般に認識されているこれら首都圏の早慶上智，東京六大学，GMARCH，関西の関関同立，中部地区および九州地区の有名私学（南山，西南学院）を難関私立としてカテゴライズした。

6) 例えば，梅崎・田澤（2012）など先行研究においては，成績や授業受講時間は就職活動の結果と正の関係にあるとするものが多い。本研究でその結果が観察されなかった理由としては，選考活動開始後あまり時間の経過がない時点での就職活動結果のデータを用いているという点が挙げられるかもしれない。結果の解釈にはこのことに留意する必要がある。逆に，成績や授業受講時間が効かないことは，「早期」の就職決定にはそれら以外の要因が存在するといえるであろう。

引用文献

居神浩編著（2015）『ノンエリートのためのキャリア教育論』法律文化社

居神浩（2010）「ノンエリート大学生に伝えるべきこと——「マージナル大学」の社会的意義」『日本労働研究雑誌』602: 27-38 頁

潮木昭午編（1978）『教育の効果』東信堂

梅崎修（2004）「成績・クラブ活動と就職——新規大卒市場における OB ネットワークの利用」，松繁寿和編著『大学教育効果の実証分析——ある国立大学卒業生たちのその後』日本評論社，29-48 頁

梅崎修・田澤実（2012）「大学教育と初期キャリアの関連性——全国大学 4 年次と卒業後 2 年目の継続調査」『日本労働研究雑誌』619: 64-76 頁（「第 4 章　教育効果の大学間格差——全国の大学 4 年生と卒業後 2 年目の継続調査」，梅崎修・田澤実編著『大学生の学びとキャリア——入学前から卒業後までの継続調査の分析』法政大学出版局: 77-97 頁）

浦坂純子（1999）「新卒労働市場における OB 効果と大学教育——5 大学サンプルに基づく実証分析」『日本労働研究雑誌』471: 52-65 頁

岡田有司・鳥居朋子・宮浦崇・青山佳世・松村初・中野正也・吉岡路（2011）「大学生における学習スタイルの違いと学習成果」『立命館高等教育研究』11: 167-182 頁

久木元真吾（2007）「広がらない世界——若者の相談ネットワーク・就業・意識」堀有喜衣編『フリーターに滞留する若者たち』勁草書房，第 3 章，129-171 頁

轡田竜蔵（2011）「過剰包摂される地元志向の若者たち——地方大学出身者の比較事例分析」，樋口明彦ほか『若者問題と教育・雇用・社会保障——東アジアと周縁から考える』法政大学出版局，183-212 頁

木野茂（2008）「授業アンケートに見るコミュニケーションの効果——改訂された新授業アンケートの結果から」『立命館高等教育研究』8: 123-145 頁

児島功和（2011）「‘下位大学’の若者たち——学習の意味と社会的ネットワーク」，樋口明彦ほか『若者問題と教育・雇用・社会保障——東アジアと周縁から考える』法政大学出版局，

157-182 頁

大学審議会答申 (2000)「グローバル化時代に求められる高等教育の在り方について」

大学審議会答申 (1997)「高等教育の一層の改善について」

舘野泰一 (2014)「入社・初期キャリア形成期の探求——「大学時代の人間関係」と「企業組織適応」を中心に」, 中原淳・溝上慎一『活躍する組織人の探求』東京大学出版会, 117-138頁

中央教育審議会 (2012)「予測困難な時代において生涯学び続け, 主体的に考える力を育成する大学へ」

――― (1999)「初等中等教育と高等教育との接続の改善について」

寺崎里水 (2014)「ノンエリート大学生の進学と学び」『福岡大学研究部論集（人文科学編）』13(3): 9-14 頁

樋口明彦 (2006)「社会的ネットワークとフリーター・ニート——若者は社会的に排除されているのか」, 太郎丸博編『フリーターとニートの社会学』世界思想社, 49-74 頁

樋口耕一・中井美樹・湊邦生 (2012)「Web調査における公募型モニターと非公募型モニターの回答傾向——変数間の関連に注目して」『立命館産業社会論集』48(3): 95-103 頁

堀有喜衣 (2009)「大学生のソーシャル・ネットワークにおける大学の機能——大学就職支援におけるパターナリズム paternalism 進行のジレンマ」『日本労働社会学会年報』19: 31-50 頁

本多則恵 (2006)「インターネット調査・モニター調査の特質——モニター型インターネット調査を活用するための課題」『日本労働研究雑誌』551: 32-41 頁

溝上慎一編 (2004)『現代大学生論——ユニバーシティ・ブルーの風に揺れる』NHK 出版

――― (2002)『大学生論——戦後大学生論の系譜をふまえて』ナカニシヤ出版

――― (2001)『大学生の自己と生き方——大学生固有の意味世界に迫る大学生心理学』ナカニシヤ出版

文部科学省 (2015)「大学における教育内容等の改革状況について（平成25年度）」

文部科学省高等教育局報告 (2000)「大学における学生生活の充実方策について——学生の立場に立った大学づくりを目指して」

山田礼子 (2012)『学士課程教育の質保証へむけて——学生調査と初年次教育からみえてきたもの』東信堂

――― (2009)『大学教育を科学する——学生の教育評価の国際比較』東信堂

第5章

大学院進学は内定獲得を促すか？

1 問題の所在

　本章の目的は，新規学卒労働市場において大学院学歴が内々定の獲得に与える効果を検証することである[1]。

　1980年代後半，大学審議会が設置されて以後，大学院重点化政策が推進される中で，日本の大学院は量的・質的に変容を遂げた[2]。特に理工系大学院については，科学技術基本計画の影響も加わり，入学者・卒業者数は大幅に増加した。大学院修士課程の卒業者数の推移を図1に示す。ここ40年間，大学院卒業生数は一貫して増加してきたことがわかる。1970年に9,415人だったそれは，2010年に7万4680人となり，約8倍もの大きさに拡大している。1990年代後半以降，18歳人口が減少しているにもかかわらず，その数は減少することなく一貫して増大している[3]。ここ10年ほど文系は横ばい・やや減少基調にあるが，理系の伸びは変わらず顕著である。その意味では，4年制大学進学率も50%を超える今，日本労働市場における労働力人口の平均的な教育年数は増加していると判断して差し支えないであろう。

　しかし，苅谷（2011）は，日本の高学歴化は（理工系を除く）教育年数の増加と教育内容の高度化をともなわないものであり，大学入学偏差値という選抜基準が上方にシフトするふるい分けの面での変化であると指摘する。すなわち，選抜の側面から日本の高学歴化を見れば，それはより条件のいい職に就くために求められる学歴が大学卒から大学院卒に変化するというようなことではなく，あくまで主要な競争は大学卒の間で行われ，就職に際し選抜に耐えうる大学偏差値のカットポイントが上昇しているにすぎないということを意味している。

この指摘が正しいとすると，大学院教育によって高められた人的資本の蓄積は就職においてさして評価されず，その結果，大学院卒の就職状況は大学卒と比較して差がない，あるいは悪いということさえ考えられる。ただし，苅谷（2011）において就職における大学院卒の大学卒に対する優位性の有無は検証されていない[4]。

　学歴別の新規学卒者の就職者数等を表1に示す。毎年30万人以上の就職者を送り出す大学に比べて，大学院（修士課程）は6万人弱程度の就職者を送り出すに過ぎない。その規模からすれば，新規学卒労働市場における大学院卒の就職は量的には小さな問題であるかもしれない。しかし，高い学歴と能力を持った多くの労働力がその学歴と能力に見合った職に就けていないかもしれないという可能性は，社会的な問題として，また採用・人材育成という人的資源管理の問題としても小さくないであろう。

　それでは，労働市場に供給される労働力の平均的な教育年数が増加しているにもかかわらず，その入口の段階で教育年数の伸長が評価されないことの意味をどのように考えればいいのだろうか。苅谷（2011）はその1つの考え方を提示しているが，高度な知識と技能を持つ労働力がそれに見合った仕事に就けないという状態は，マクロ経済，企業業績，個人のキャリア形成，すべての側面において非効率的な状態といえる（McGuinness 2006，乾ほか2012）。特に個人への影響は直接的で大きいだろう。

　初職の獲得は，特に日本社会においては個人のキャリア形成上，きわめて重要なライフイベントである。また，高学歴者がその能力に見合った職に就けているのか否かは労働市場におけるミスマッチを考える上でも重要な課題である。学校から職業への移行の問題としても，人的資源管理の問題としても，大学院学歴が持つ就職プレミアムは高学歴化が進む社会においては，検証される必要のある重要な課題といえるであろう。

　そこで本研究では，マイナビが2011年8～9月に実施したインターネット・モニター調査の個票データを用い，新規学卒労働市場において大学院学歴が内々定の獲得に効果を発揮しているのかどうか，文系と理系の違いはどの程度内々定獲得に影響を持つのか，これらの疑問に答えるための分析を行う。

なお，本章の構成は以下の通りである。続く第2節では，先行研究を概観する。第3節では，「新規大学院卒労働市場」について簡単な整理を行う。そして，第4節で，データの説明を行い，第5節で，大学院卒の就職プレミアムに関わる実証分析を行う。最後に，若干の議論とまとめを行う。

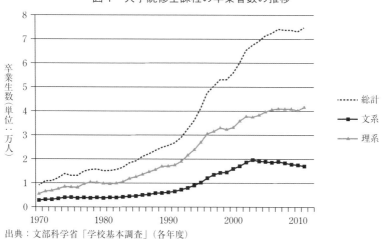

図1　大学院修士課程の卒業者数の推移

出典：文部科学省「学校基本調査」（各年度）
注）文系は人文科学・社会科学・教育の合計。理系は理学・工学・農学の合計。

表1　学歴別新規学卒者数および就職者数・就職率（2012年3月卒）

学歴	卒業者数A	就職者数B	就職率B/A（％）	全就職者に占める割合（％）
中学卒	1,195,204	4,409	0.4	0.7
高校卒	1,053,180	189,749	18.0	28.1
短大卒	65,682	49,179	75.3	7.3
高専卒	10,163	5,854	57.6	0.9
大学卒	558,692	357,011	63.9	52.9
修士卒	78,711	57,431	73.0	8.5
博士卒	16,260	10,868	66.8	1.6
合計	2,977,892	674,801		100

出典：文部科学省「学校基本調査」（平成24年度）。
注1）大学院には専門職学位課程卒，法科大学院卒は含まれない。
注2）高校は全日制・定時制のみ。単位は人。
注3）全就職者に占める割合＝（学歴別就職者数／就職者数合計）×100

2 先行研究

　大学院卒の就職に関して実証分析を行った研究は少ない。平尾（2012）が述べているように大学院卒の実数は他の学歴段階の卒業者に比べて相対的に少ないこと，人的資本の蓄積がある高学歴者を優秀な労働力と考えれば，それ以外の社会的な厳しさに遭遇しやすい者に研究や政策の関心が向くのは当然のことといえる。また，そのような理由から平尾・梅崎・松繁（2011）や森川（2011）が指摘している通り，大学院学歴に関するデータの整備が乏しく，大学院卒の就職を含めた労働市場状況についての実証分析が日本ではほとんどなされてこなかった経緯がある。

　就職，すなわち，学校から職業への移行過程の研究は，教育社会学の分野を中心に行われてきた。戦後の高学歴化とともに学校から職業への移行過程の研究対象もまた高学歴化してきた。高校卒就職の日本的メカニズムを解明した苅谷（1991），戦後の中学卒・高校卒就職に果たす職業安定所の役割を検証した苅谷ほか（2000），大学卒の就職問題を取り扱った小杉（2007）や苅谷・本田（2010），大学卒の就職に大学就職部が果たす役割を検証した大島（2012）などを見ても，学校から職業への移行過程の主要な研究対象は，ここ20年ほどで高校卒から大学卒に移行してきたといえよう。もちろん，教育社会学分野における学校から職業への移行過程研究は，上記のもののみではなく枚挙に暇がないほど発表されている。ただし，大学院卒の学校から職業への移行過程を検証した実証研究は皆無である。

　関連する学歴間の代替の弾力性や「技能職の高学歴代替」の研究においても中学卒と高校卒，あるいは高校卒と大学卒の関係を検証したものがほとんどであり（例えば，玄田1994，菅山2000，筒井2005，野呂・大竹2006），大学卒と大学院卒の関係を検証したものは見当たらない。

　労働経済学の分野においては，ミンサー型賃金関数の推定において，大学院学歴ダミーの係数を推定するという作業がいくらか行われている。前述のように日本においてはデータの整備が乏しいためほとんど行われていないが，

78　　第I部　就職活動支援編

森川（2011, 2013），島・藤村（2014），柿澤ほか（2014）を見る限り，日本労働市場においても大学院学歴は賃金に正の効果を持ちうることがわかる。諸外国の研究を概観しても大学院学歴は，概して賃金に正の影響を与えているとする研究が多い（例えば，Wise 1975, Jones and Jockson 1990 など）[5]。ただし，これらの研究は賃金関数の推定を行ったものであり，就職における大学院学歴の効果を検証したものではない。

　また，企業の人的資源管理に関わって大学卒と大学院卒の処遇を比較した研究もいくらかはある。修士卒の企業内処遇プレミアムとその変化を分析した平尾・梅崎・松繁（2007, 2011），博士卒の企業内処遇プレミアムを分析した平尾（2012）があるが，同じく大学院卒の就職については分析が及んでいない。岸（1998）や日本リクルートセンター（1988）も企業の人材マネジメントの観点から大学院卒を取り上げているが，前者は大学院卒のみを対象にして大学卒との比較がなされていないこと[6]，後者は企業の大学院卒に対する採用・能力評価について，分析が単純集計にとどまっている点に課題を残している。

　以上から，大学院卒の就職について，その過程と大学院学歴が持つ効果を分析した研究は皆無であることがわかる。本研究では，新規学卒労働市場における初職獲得について大学学歴と比較した大学院学歴の効果を分析する。

3　新規大学院卒労働市場とは

　新規学卒労働市場における大学院学歴の効果を分析するにあたって，まず，大学院卒が就職活動を行う労働市場とは，どのような労働市場であるのか，簡単な整理を行っておきたい。

　ここまで新規学卒労働市場という言い方で新規学卒者が就職活動を行う労働市場を一括りに表現してきたが，すべての新規学卒者が同じ労働市場で就職活動を行っているわけではない。学卒時に就職活動を行った経験がある読者であれば，それは体験的にも理解できるだろうが，新規学卒労働市場は学歴によって，すなわち，高校卒と広い意味での高等教育卒（post-secondary education）とで分断されている。

　高度経済成長期の初期，日本経済の旺盛な労働需要を満たしてきたのは地方からの集団就職者であった（加瀬 1997）。彼・彼女らの大半は中学卒であったが，その後，高校進学率が上昇する中で「純粋な中学卒」は減少し，その職は高校卒に代替されていくことになる。高校卒の就職については，苅谷（1991）や苅谷ほか（2000）がそれに果たす学校や職業安定所の役割とメカニズムを解明しているとおり，高校卒には高校卒の間だけで競争が行われる「新規高校卒労働市場」が存在する。

　一方，高等教育卒には，概して学校や職業安定所がコントロールを行う「新規高校卒労働市場」のような労働市場は存在しない。専門学校や一部の理系高等教育機関などの専門職養成課程卒業者の学校・研究室推薦，縁故採用はまた別の問題となるが，高等教育卒の就職活動は基本的には自由応募によるものである。

　むろん，自由応募とはいっても，専門性の違いによりそもそも応募できない，また企業側の意図により応募はできてもターゲットの学歴・学校以外の者は選考過程にのらないという事実上の分断や排除は起こりうるが，高等教育卒の民間企業への就職に大きな役割を果たしている就職情報サイト（例えば，リクナビやマイナビなど）には，広い意味での高等教育卒業予定者が登録できるようになっている。

　たとえば，リクナビの規約を見ればその主な対象者は「大学・大学院・短期大学・高等専門学校・専修学校および各種学校の学生」[7]であるし，マイナビの主な対象者は「就職活動を行う大学・大学院・短大・高専・専門学校の学生」[8]となっている。言い換えれば，採用活動に就職情報サイトを利用する企業は，就職情報サイトに登録したこれらの学歴を持つ者に対して採用活動を行うことができる。さらに言い換えれば，これらの学歴を持ち就職情報サイトを利用して就職活動を行う新規学卒求職者は，「新規高校卒労働市場」とは違い，他の学歴段階の者との競争にさらされることになる。

　ただし，表1でも確認した通り，この母集団の中で最大の割合を占めるのは大学卒である。数量的な割合が一番大きく学歴段階も相対的に高い大学卒は当然ながら採用のメインターゲットになるだろう。その意味では，「新規

高等教育卒労働市場」は「新規大学卒労働市場」と同義であり，その他の学歴段階の者は，採用活動において大学卒に準じた取扱いを受けることになる。すなわち，「新規大学院卒労働市場」は「新規大学卒労働市場」に併設・包摂された労働市場ということになる。

大学院卒は，大学卒よりも学歴段階が高く，人的資本の蓄積が多いことを考えれば，その市場の中では有利に就職活動を進められそうである。しかし，先に見たリクナビやマイナビが，そして，日本経済団体連合会「採用選考に関する企業の倫理憲章」が大学卒と大学院卒の採用活動について（少なくとも表面的には）区別を設けていないという事実は，「新規大学院卒労働市場」と「新規大学卒労働市場」に明確な分断がないということでもある[9]。その意味では，大学院卒は大学卒と同じ選考過程の中でより条件のいい仕事を探していかなければならないことになる。「新規大学院卒労働市場」が「新規大学卒労働市場」に併設・包摂された労働市場であることは，奇しくも大学院が大学に併設され，大学の一部であった歴史と合致する（宮原・川村1980，山内2008）。

4　分析に使用するデータ

分析に使用するデータは，2011年8月下旬から9月上旬にかけて株式会社マイナビ（以下，マイナビ）が登録会員（2012年3月卒業予定者）にインターネットを通じて行ったアンケート調査の個票データである。調査は，マイナビが登録会員にウェブでアンケート調査を依頼したもので，高等教育機関に在籍する3,616人から回答が得られている。分析においては，大学と大学院の学歴を持つ者（大学4年生と大学院2年生），使用する変数に欠損値がない者3,050人を対象とした。

このようなモニター調査については，サンプリング・バイアスの問題が生じる可能性がよく指摘される。標本が本研究の想定する日本の大学・大学院生という母集団の傾向をよく表わしているかという点について，ランダム・サンプリングによる標本抽出が行えていないことには留意する必要がある。

しかし，この調査データは，「学校基本調査」などの公的統計と比べても学歴構成や内定率（内々定率）に差はなく，代表性について大きな問題はないと考えられる。その証左は，次の通りである。表2は，表1の数値を利用して作成した「学校基本調査」の大学卒・修士卒の卒業者数・就職者数とサンプルの観測数を比較したものであるが，その構成比に大きな差はない。両者は同じ2012年3月卒のデータであるが，「学校基本調査」によれば，大学卒と修士卒の卒業者（就職者）総計は63万7403人（41万4442人）であるが，その内訳は大学卒が87.7%（86.1%），修士卒が12.3%（13.9%）となっており，サンプルの学歴構成比，大学卒88.8%，大学院卒11.2%とは大差がない。男女別に見ても大差ない。

　表3は，文部科学省・厚生労働省が実施している「就職内定状況等調査」とサンプルの内定（内々定）率を大学卒について比較したものである。「就職内定状況等調査」[10]は10月1日現在の内定率を，本調査は8月下旬から9月上旬の内々定率を調査しているので，時間の関係を考えれば，後者より前者のほうが高くなると考えられる。表3について，男子・大学・国公立の欄を除き，すべての欄でその関係が確認される。以上から，このモニター調査で得られたデータに信憑性がないわけではないことが確認できる。それゆえ，このデータを分析する価値は十分にあると思われる。

　さらに，この調査では学歴（大学卒と大学院卒）および専攻の違い（文系

表2　サンプルの比較（学歴構成）

		学校基本調査卒業者		学校基本調査就職者		A社調査サンプル	
		人数	割合（%）	人数	割合（%）	人数	割合（%）
全体	大学卒	558,692	87.7	357,011	86.1	2,707	88.8
	修士卒	78,711	12.3	57,431	13.9	343	11.2
	合計	637,403	100	414,442	100	3,050	100
男子	大学卒	311,488	84.7	183,551	80.8	1,146	82.0
	修士卒	56,331	15.3	43,748	19.2	251	18.0
	合計	367,819	100	227,299	100	1,397	100
女子	大学卒	247,204	91.7	173,460	92.7	1,561	94.4
	修士卒	22,380	8.3	13,683	7.3	92	5.6
	合計	269,584	100	187,143	100	1,653	100

出典：文部科学省「学校基本調査」（平成24年度）

表3　サンプルの比較（内定率）

		就職内定状況 等調査（%）	A社調査 サンプル（%）
全体	大学	59.9	53.6
	国公立	67.4	65.8
	私立	57.4	50.6
男子	大学	61.7	56.6
	国公立	68.8	71.2
	私立	59.5	53.7
女子	大学	57.7	51.3
	国公立	65.7	62.8
	私立	54.9	48.1
文系	大学	59.7	52.8
	国公立	68.8	68.4
	私立	57.3	49.7
理系	大学	60.6	56.0
	国公立	64.5	60.9
	私立	57.7	54.0

出典：平成23年度大学，短期大学，高等専門学校及
び専修学校卒業予定者の就職内定状況等調査

と理系）と他のデータ（内々定の獲得，性別，居住地，就職活動の過程な
ど）が同時に収集されており，大学院学歴が内々定獲得に効果を持つのか否
かを分析できる希有なデータとなっている。

　また，8月下旬から9月上旬にかけて調査が行われていることにも意味が
ある。調査対象者の就職活動に影響を与えた日本経済団体連合会「大学卒業
予定者・大学院修士課程修了予定者等の採用選考に関する企業の倫理憲章」
（2009年10月20日改定版）に従えば，「卒業・修了学年に達しない学生に
対して，面接など実質的な選考活動を行うことは厳に慎む」ことになってい
る。

　それゆえに，企業の選考活動については卒業年度の4月1日以降から開始
されるものと仮定すれば，8月下旬から9月上旬という時点は，人気のある
条件のよい就職先をめぐって競争が行われた後であるということができ，こ
のデータを用いることで，条件の良い初職の獲得に大学院学歴が与える効果
を分析できることになる。労働市場における競争が椅子取りゲームのような
ものだとしたら（阿部・松繁2014），人気のある条件の良い仕事からなく

なっていくのはある意味当然のことでもあり，言い換えれば，調査時点において内々定を獲得していないということは，就職活動に何らかの困難を抱えている学生ということになる。

5　実証分析

（1）推定モデルと変数

　それでは，調査で得られたデータから新規学卒労働市場において大学院学歴が内々定獲得にどのような影響を与えているのかを分析しよう。まず，推定モデルを示しておく。ここでは，新規学卒労働市場において個人が就職するかしないかというモデルを考える。就職するかどうか $y_i{}^\star$（潜在変数）は，学歴 E_i およびその他の要因 X_i によって決まるとすると，就職するかどうかの決定は，

$$y_i{}^\star = \alpha + \beta_1 E_i + \beta_2 X_i + \varepsilon_i$$

と表すことができる。実際にデータから観察できるのは内々定を獲得しているかどうかという二値確率変数 y_i である。すなわち，

$$y_i = \left\{ \begin{matrix} 1 \\ 0 \end{matrix} \right\} \text{ if } y_i{}^\star \left\{ \begin{matrix} \geq \\ \leq \end{matrix} \right\} 0$$

であり，潜在変数 $y_i{}^\star$ が 0 より大きいと y_i が 1 になり，$y_i{}^\star$ が 0 以下の場合，y_i は 0 になる。内々定獲得の条件は，

$$y_i{}^\star > 0 \Leftrightarrow \alpha + \beta_1 E_i + \beta_2 X_i + \varepsilon_i > 0$$
$$\Leftrightarrow \varepsilon_i > -\alpha - \beta_1 E_i - \beta_2 X_i$$

となり，内々定獲得確率は誤差項 ε_i についての確率と書ける。推定式の誤差項については平均がゼロで分散が 1 の標準正規分布に従うと仮定し，プロビット分析を行う。

　被説明変数となる内々定獲得ダミーは，調査時点において内々定を獲得しているか否かという二値確率変数である。内々定の獲得状況については，調査では次の 4 つの選択肢が設けられているが，これらを内々定の有無で 2 つに分類した。「内定を貰い就職先を決めて活動終了」あるいは「内定を貰っ

ているが活動継続中」を選んだ者に1を，「まだ内定は貰っていないので活動継続中」あるいは「まだ内定は貰っていないが別の進路を選択若しくは検討中」を選んだ者に0を与えた。

説明変数となる学歴ついては，文系大学院ダミー，理系大学院ダミー，文系大学ダミー，理系大学ダミーを作成した。分析においては，文系大学ダミーを基準とし，文系大学卒に対する各学歴の内々定獲得効果を測る。また，大学院ダミーも作成した[11]。

内々定獲得に影響を与える要因は，学歴だけではないだろう。調査データには個人の在籍する大学・大学院名が記載されているので，難関国立ダミー，その他国立ダミー，公立ダミー，有名私立ダミー，その他私立ダミーを作成した[12]。

また，就職活動を積極的にやった方が，言い換えれば，求職行動を多く行っている方が内々定を得られる確率は高くなると考えられる。これは，サーチ理論でいうところの職探しの強度として捉えられる。就職活動の量について，調査ではエントリーした会社の数，説明会に参加した会社の数，面接を受けた会社の数が質問されている。本研究では，説明会に参加した会社の数を職探しの強度の代理指標とする。その理由は，エントリーはウェブから容易に何社でも行えること，面接を受けることは本人の努力以外の要因（求人側の都合）によるところが大きいためである。説明会に参加した会社の数については，調査では「これまで企業個別のセミナーや会社説明会は何社参加しましたか」という質問に対して，例えば「11社〜20社」のように幅ある選択肢で回答を求めている。分析においては，各選択肢をダミー変数化した。

その他，コントロール変数として，男性ダミーを作成した。労働市場における男性の優位性はよく知られているところである。

加えて，現住所（都道府県）の情報を用い，北海道・東北，関東，中部，近畿，中国・四国，九州・沖縄の各地域ダミーを作成した。都道府県ダミーを用いることもできるが，分析の中で観測数が少なくなる変数がでてくること，また多くの変数を投入することにより多重共線性の問題が懸念されるため，玄田（2008）など同種の問題関心を追究している先行研究を参考に地域

表 4 変数の記述統計量

変数名	作成方法	観測数	平均	標準偏差	最小値	最大値
内々定						
内々定獲得ダミー	内定を貰い就職先を決めて活動終了＝1 内定を貰っているが活動継続中＝1 まだ内定は貰っていないので活動継続中＝0 まだ内定は貰っていないが別の進路を選択 若しくは検討中＝0	3050	0.554	0.497	0	1
内々定状況	内定を貰い就職先を決めて活動終了＝4 内定を貰っているが活動継続中＝3 まだ内定は貰っていないので活動継続中＝2 まだ内定は貰っていないが別の進路を選択 若しくは検討中＝1	3050	2.938	1.011	1	4
学歴・専攻						
文系大学院ダミー	文系大学院＝1,それ以外＝0	3050	0.019	0.135	0	1
理系大学院ダミー	理系大学院＝1,それ以外＝0	3050	0.094	0.292	0	1
文系大学ダミー	文系大学＝1,それ以外＝0	3050	0.686	0.464	0	1
理系大学ダミー	理系大学＝1,それ以外＝0	3050	0.201	0.401	0	1
大学院ダミー	大学院生＝1,それ以外＝0	3050	0.112	0.316	0	1
学校ランク						
難関国立ダミー	北海道,東北,東京,名古屋,京都,大阪,九州, 一橋,神戸,東京工業,筑波,横浜国立,お茶 の水女子＝1,それ以外＝0	3050	0.048	0.214	0	1
その他国立ダミー	難関国立以外の国立＝1,それ以外＝0	3050	0.142	0.349	0	1
公立ダミー	公立＝1,それ以外＝0	3050	0.060	0.238	0	1
有名私立ダミー	早稲田,慶應義塾,上智,明治,法政,立教,青 山学院,中央,学習院,国際基督教,津田塾, 東京理科,南山,関西学院,関西,同志社,立 命館,西南学院＝1,それ以外＝0	3050	0.114	0.318	0	1
その他私立ダミー	有名私立以外の私立＝1,それ以外＝0	3050	0.637	0.481	0	1
就職活動量						
説明会数 10 ダミー	説明会参加社数 1〜10 社＝1,それ以外＝0	3050	0.248	0.432	0	1
説明会数 20 ダミー	説明会参加社数 11〜20 社＝1,それ以外＝0	3050	0.228	0.419	0	1
説明会数 30 ダミー	説明会参加社数 21〜30 社＝1,それ以外＝0	3050	0.183	0.387	0	1
説明会数 40 ダミー	説明会参加社数 31〜40 社＝1,それ以外＝0	3050	0.132	0.339	0	1
説明会数 50 ダミー	説明会参加社数 41〜50 社＝1,それ以外＝0	3050	0.087	0.282	0	1
説明会数 60 ダミー	説明会参加社数 51〜60 社＝1,それ以外＝0	3050	0.057	0.231	0	1
説明会数 70 ダミー	説明会参加社数 61 社以上＝1,それ以外＝0	3050	0.066	0.248	0	1
性別						
男性ダミー	男性＝1,それ以外＝0	3050	0.458	0.498	0	1
地域						
北海道・東北ダミー	北海道・東北＝1,それ以外＝0	3050	0.094	0.292	0	1
関東ダミー	関東＝1,それ以外＝0	3050	0.388	0.487	0	1
中部ダミー	中部＝1,それ以外＝0	3050	0.124	0.330	0	1
近畿ダミー	近畿＝1,それ以外＝0	3050	0.226	0.418	0	1
中国・四国ダミー	中国・四国＝1,それ以外＝0	3050	0.073	0.260	0	1
九州・沖縄ダミー	九州・沖縄＝1,それ以外＝0	3050	0.094	0.292	0	1

ダミーを作成し，分析に用いることにした。

変数の作成方法と記述統計量については，表4を参照されたい。

(2) 分析結果

(a) 主要な結果

まず，内々定の獲得を決定する要因を分析した表5の結果から見ていこう。モデルA1はサンプル全体を使用して，モデルA2〜A3はサンプルを男女に分けて，モデルA4〜A5はサンプルを国公立と私立に分けて，モデルA6〜A7はサンプルを文系と理系に分けて，推定を行った結果をそれぞれ示している。結果は，説明変数1（単位）あたりの被説明変数の変化量を示す限界効果で示されている。符号の向きと有意確率に注目して分析結果を見てみよう。

まず，モデルA1で全体の傾向を確認すると，理系大学院ダミーは正で有意であり，理系大学院生の優位性が確認できる。一方，文系大学院ダミーは負で有意であり，文系大学院生の劣位な状況が確認できる。理系大学ダミーは，有意ではないものの符号は正の向きである。総じて理系の優位性，特に理系大学院の優位性が明らかである。

次に，学校変数を見ていこう。難関国立ダミー，その他国立ダミー，公立ダミー，有名私立ダミーは，すべて正で有意である。これらの大学・大学院在籍者は，その他私立大学・大学院在籍者より内々定獲得確率が高いということになる。選抜性の高い大学・大学院（難関校）在籍者の優位性が確認できる。

就職活動量については，すべてのダミー変数が正で有意である。就職活動を積極的に行った方がそうでないよりも内々定を獲得していることがわかる。また，男性ダミーが正で有意であり，新規学卒労働市場におけるジェンダー差の存在が確認される。

サンプルを分けた分析では，どのような結果が観察されるだろうか。第1に，文系大学院生の劣位な状況がどの推定においても観察される。モデルA3（女性）とモデルA5（私立）においては，有意ではないものの文系大学院ダミーの符号は負であり，モデルA2（男性）とモデルA4（国公立）

表5 内々定獲得を決定する要因（プロビット分析）

	モデルA1(全体)		モデルA2(男性)		モデルA3(女性)		モデルA4(国公立)		モデルA5(私立)		モデルA6(文系)		モデルA7(理系)	
	限界効果	標準誤差	限界効果	標準誤差	限界効果	標準誤差	限界効果	標準誤差	限界効果	標準誤差	限界効果	標準誤差	限界効果	標準誤差
学歴・専攻														
文系大学院	-0.156**	0.068	-0.291**	0.090	-0.019	0.097	-0.221*	0.108	-0.125	0.088	-0.165**	0.068		
理系大学院	0.132***	0.035	0.073	0.044	0.210**	0.062	0.079+	0.044	0.118*	0.055			0.145***	0.039
文系大学	ref.		ref.		ref.		ref.		ref.					
理系大学	0.026	0.024	-0.015	0.034	0.062+	0.034	-0.085+	0.045	0.065*	0.028			ref.	
学校														
難関国立	0.227***	0.038	0.297***	0.039	0.111	0.067	0.093+	0.049			0.232***	0.055	0.171**	0.055
その他国立	0.208***	0.026	0.246***	0.036	0.179***	0.038	0.075+	0.044			0.256***	0.035	0.133**	0.041
公立	0.145**	0.036	0.149*	0.052	0.131***	0.049	ref.				0.197***	0.041	-0.018	0.073
有名私立	0.201***	0.026	0.221***	0.035	0.178***	0.039			0.210***	0.029	0.228***	0.030	0.090	0.064
その他私立	ref.		ref.		ref.				ref.		ref.		ref.	
就職活動量														
説明会10	ref.		ref.		ref.		ref.		ref.		ref.		ref.	
説明会20	0.109***	0.026	0.139***	0.037	0.089**	0.035	0.067	0.042	0.126***	0.031	0.154***	0.032	0.031	0.044
説明会30	0.053+	0.028	0.058	0.041	0.047	0.038	0.068	0.044	0.046	0.034	0.120*	0.034	-0.069	0.049
説明会40	0.183***	0.028	0.225***	0.038	0.147***	0.040	0.130*	0.053	0.197***	0.033	0.239***	0.033	0.060	0.057
説明会50	0.184***	0.032	0.179*	0.046	0.190***	0.044	0.134+	0.061	0.201***	0.037	0.258***	0.035	0.000	0.074
説明会60	0.171***	0.038	0.120+	0.061	0.222***	0.049	0.050	0.085	0.200***	0.043	0.234***	0.041	0.010	0.092
説明会70	0.178***	0.035	0.153**	0.050	0.205***	0.050	0.225*	0.057	0.175***	0.042	0.217***	0.039	0.140	0.085
性別														
男性	0.047**	0.019	(表示省略)		(表示省略)		0.072*	0.036	0.038+	0.022	0.066***	0.023	-0.007	0.035
居住地域	(表示省略)		(表示省略)		(表示省略)		(表示省略)		(表示省略)		(表示省略)		(表示省略)	
観測数	3050		1397		1653		761		2289		2150		900	
カイ2乗値	231.68		131.79		109.09		41.69		132.79		187.2		65.76	
対数尤度	-1972.83		-871.23		-1086.69		-447.24		-1517.63		-1389.91		-562.77	

注) ***0.1%水準有意。**1%水準有意。*5%水準有意。+10%水準有意。標準誤差はRobust Standard Errorである。

においては負で有意である。モデルA6（文系）においても，大学院ダミーは負で有意である。

第2に，理系大学院生の優位性が変わらず観察される。モデルA2（男性）においては，理系大学院ダミーは有意ではないが正であり，モデルA3～A5においては正で有意である（モデルA4は10%水準）。これらの結果から，文系大学生に対する理系大学院生の優位性が垣間見える。また，モデルA7（理系）において，大学院ダミーが正で有意であり，理系大学生に対する理系大学院生の優位性も明らかである。

第3に，理系大学生の文系大学生に対する優位性は，サンプルの属性によって一様ではないことがわかる。モデルA2（男性）とモデルA4（国公立）において，理系大学ダミーの符号は負であり，モデルA4（国公立）では10%水準で有意である。一方，モデルA3（女性）とモデルA5（私立）では，理系大学ダミーは正で有意である（モデルA3は10%水準）。モデルA1の理系大学ダミーの推定結果は，これらの効果が相殺された結果ということができる。文系大学生に対する理系大学生の優位性は，私立・女性の属性を持つグループにおいて発揮されるということになる。

その他，モデルA1（全体）と違う傾向を示すのは，モデルA7（理系）において就職活動量が有意にならないことである。モデルA4（国公立）においても，モデルA7（理系）ほどではないが，同様の傾向を確認することができる。理系・国公立の属性を持つグループでは，就職活動量の多さが内々定獲得につながるわけではないといえる。これは，研究室推薦や大学のブランドによるスクリーニング効果の表われかもしれない。

(b) 頑健性の確認

表6および表7は，表5で行った分析結果の頑健性を確認するために行った分析である。表6は，被説明変数において0の値をとっている「まだ内定は貰っていないが別の進路を選択若しくは検討中」と答えた者をデータから除外して，表5と同じモデルでプロビット分析を行った結果を示している。「別の進路を選択若しくは検討中」ということは，当初は就職をしようと就職情報サイトに登録して就職活動を行ったものの，内々定を獲得することができず，調査時点で就職活動を行っていない可能性があり，求職者とはいえ

表6 内々定を決定する要因（プロビット分析、別の進路検討中を除く）

	モデルB1(全体)		モデルB2(男性)		モデルB3(女性)		モデルB4(国公立)		モデルB5(私立)		モデルB6(文系)		モデルB7(理系)	
	限界効果	標準誤差	限界効果	標準誤差	限界効果	標準誤差	限界効果	標準誤差	限界効果	標準誤差	限界効果	標準誤差	限界効果	標準誤差
学歴・専攻														
文系大学院	-0.145*	0.073	-0.279**	0.101	-0.020	0.101	-0.231*	0.114	-0.102	0.096	-0.160*	0.074		
理系大学院	0.122**	0.035	0.063	0.043	0.218**	0.061	0.053	0.044	0.121*	0.055			0.129**	0.039
文系大学	ref.		ref.		ref.		ref.		ref.		ref.			
理系大学	0.035	0.024	0.011	0.034	0.058+	0.035	-0.087*	0.045	0.078**	0.029			ref.	
学校														
難関国立	0.228***	0.036	0.283***	0.037	0.129+	0.068	0.083	0.048			0.264***	0.050	0.152*	0.053
その他国立	0.215***	0.026	0.244***	0.034	0.194***	0.037	0.073+	0.043			0.260***	0.034	0.145***	0.040
公立	0.157***	0.035	0.199***	0.047	0.118*	0.049	ref.				0.202***	0.041	0.015	0.071
有名私立	0.200***	0.026	0.212***	0.034	0.184***	0.039			0.213***	0.029	0.218***	0.030	0.138*	0.059
その他私立	ref.		ref.		ref.				ref.		ref.		ref.	
就職活動量														
説明会10	ref.		ref.		ref.		ref.		ref.		ref.		ref.	
説明会20	0.092***	0.026	0.128***	0.037	0.067+	0.036	0.054	0.042	0.107**	0.032	0.135***	0.033	0.019	0.045
説明会30	0.043	0.028	0.047	0.041	0.040	0.039	0.058	0.043	0.037	0.035	0.107**	0.034	-0.077	0.050
説明会40	0.156***	0.029	0.200***	0.038	0.119**	0.041	0.101+	0.053	0.170***	0.034	0.210***	0.033	0.026	0.059
説明会50	0.158***	0.033	0.158**	0.046	0.160**	0.045	0.088	0.062	0.181***	0.038	0.233***	0.036	-0.032	0.076
説明会60	0.142**	0.039	0.090	0.062	0.192***	0.050	0.020	0.086	0.171***	0.044	0.211***	0.042	-0.041	0.094
説明会70	0.143***	0.036	0.118*	0.050	0.175***	0.051	0.178*	0.061	0.144**	0.043	0.187***	0.040	0.082	0.089
性別														
男性	0.053***	0.019					0.082**	0.035	0.042+	0.022	0.068**	0.023	0.009	0.035
居住地域	(表示省略)		(表示省略)		(表示省略)		(表示省略)		(表示省略)		(表示省略)		(表示省略)	
観測数	2900		1326		1574		723		2177		2047		853	
カイ2乗値	214.32		119.59		101.00		35.96		117.30		171.37		60.54	
対数尤度	-1855.67		-811.36		-1029.82		-404.46		-1442.64		-1319.37		-517.99	

注）***0.1%水準有意。**1%水準有意。*5%水準有意。+10%水準有意。標準誤差はRobust Standard Errorである。

表 7　就職活動状況を決定する要因（順序プロビット分析）

	モデルC1(全体)		モデルC2(男性)		モデルC3(女性)		モデルC4(国公立)		モデルC5(私立)		モデルC6(文系)		モデルC7(理系)	
	係数	標準誤差	係数	標準誤差	係数	標準誤差	係数	標準誤差	係数	標準誤差	係数	標準誤差	係数	標準誤差
学歴・専攻														
文系大学院	-0.301***	0.140	-0.830***	0.195	-0.180	0.198	-0.557**	0.211	-0.485**	0.184	-0.533***	0.148		
理系大学院	0.408***	0.095	0.246*	0.114	0.551**	0.185	0.296*	0.128	0.345*	0.144			0.430***	0.104
文系大学	ref.		ref.		ref.		ref.		ref.		ref.			
理系大学	0.048	0.057	-0.084	0.081	0.178*	0.079	-0.190*	0.109	0.131*	0.067			ref.	
国公私立														
難関国立	0.598***	0.124	0.917***	0.176	0.242	0.179	0.299*	0.142			0.535**	0.189	0.510**	0.162
その他国立	0.485***	0.076	0.711***	0.122	0.338**	0.099	0.193+	0.107			0.614***	0.105	0.296**	0.110
公立	0.250*	0.095	0.214	0.166	0.315**	0.112	ref.				0.431***	0.114	-0.091	0.173
有名私立	0.480***	0.072	0.547***	0.103	0.417***	0.101			0.492***	0.074	0.551***	0.076	0.202	0.194
その他私立	ref.		ref.		ref.				ref.		ref.		ref.	
就職活動量														
説明会10	ref.		ref.		ref.		ref.		ref.		ref.		ref.	
説明会20	0.265***	0.062	0.338***	0.097	0.230**	0.081	0.192	0.120	0.308***	0.073	0.394**	0.076	0.046	0.111
説明会30	0.119+	0.066	0.106	0.097	0.131+	0.091	0.135	0.123	0.117	0.078	0.291**	0.080	-0.192	0.117
説明会40	0.447**	0.072	0.554***	0.111	0.375***	0.095	0.326*	0.163	0.487***	0.081	0.617***	0.085	0.091	0.139
説明会50	0.430***	0.082	0.447***	0.130	0.433***	0.107	0.414*	0.189	0.454***	0.094	0.638***	0.096	-0.054	0.168
説明会60	0.351***	0.092	0.253+	0.144	0.477***	0.122	0.037	0.210	0.424***	0.103	0.499***	0.106	0.017	0.199
説明会70	0.418***	0.087	0.389**	0.125	0.457***	0.123	0.675***	0.259	0.411***	0.096	0.513***	0.098	0.385	0.234
性別														
男性	0.108*	0.043					0.238*	0.097	0.074	0.048	0.156**	0.051	-0.024	0.083
居住地域	(表示省略)		(表示省略)		(表示省略)		(表示省略)		(表示省略)		(表示省略)		(表示省略)	
閾値1	-1.280	0.082	-1.423	0.137	-1.268	0.103	-1.282	0.173	-1.343	0.093	-1.227	0.098	-1.485	0.149
閾値2	0.306	0.078	0.078	0.132	0.404	0.097	-0.083	0.165	0.337	0.088	0.463	0.094	-0.106	0.140
閾値3	0.634	0.078	0.382	0.132	0.755	0.097	0.209	0.164	0.673	0.089	0.826	0.095	0.146	0.139
観測数	3050		1397		1653		761		2289		2150		900	
カイ2乗値	244.67		146.53		110.12		57.03		141.65		200.12		73.68	
対数尤度	-3323.72		-1469.34		-1831.45		-765.38		-2535.73		-2361.68		-927.88	

注）***0.1% 水準有意．**1% 水準有意．*5% 水準有意．+10% 水準有意．標準誤差は Robust Standard Error である。

ないかもしれないというのがその理由である。その者を除外してもなお，同様の結果を得ることができるかどうかを検証した。

表6と表5を比較すると変数の符号と有意水準は，同様の結果を示していることがわかる。モデルB1（全体）において，文系大学院ダミーは負で有意である。モデルB3（女性）とモデルB5（私立）においては，有意ではないものの文系大学院ダミーの符号は負であり，モデルB2（男性）とモデルB4（国公立）においては負で有意である。モデルB6（文系）においても，大学院ダミーは負で有意である。先の分析と同様に，文系大学院生の劣位な状況が確認される。

理系大学院生の優位性も同様である。モデルB2（男性）とモデルB4（国公立）においては，理系大学院ダミーは有意ではないが正であり，モデルB3（女性）とモデルB5（私立）においては正で有意である。また，モデルB7（理系）において，大学院ダミーは正で有意である。

理系大学生の文系大学生に対する優位性がサンプルの属性によって一様ではないことも同様である。モデルB2（男性）では，理系大学ダミーは有意ではない。モデルB4（国公立）では負で有意である（10％水準）。モデルB3（女性）とモデルB5（私立）では正で有意であり（モデルB3は10％水準），理系大学生の優位性は，私立・女性の属性を持つグループにおいて発揮されている。

モデルB7（理系）において就職活動量が影響力を持たないこととモデルB4（国公立）においてもその傾向が確認できる点も同様である。

表7は，内々定を獲得しているか否かという二値確率変数ではなく，「まだ内定は貰っていないが別の進路を選択若しくは検討中＝1」「まだ内定は貰っていないので活動継続中＝2」「内定を貰っているが活動継続中＝3」「内定を貰い就職先を決めて活動終了＝4」という就職活動状況についての順序変数を作成し，それを被説明変数とした順序プロビット分析を行って得られた結果を示している[14]。

表7も表5と同様の結果を示す。モデルC1（全体）において，文系大学院ダミーは負で有意である。モデルC3（女性）においては，有意ではないものの文系大学院ダミーの符号は負であり，モデルC2・C4・C5において

は負で有意である。モデルC6（文系）においても，大学院ダミーは負で有意である。総じて文系大学院生の劣位な状況が確認される点は変わらない。

理系大学院ダミーは，モデルC1～C5すべてにおいて正で有意である。モデルC7（理系）においても大学院ダミーは正で有意であり，就職活動における理系大学院生の優位性が明らかである。

また，モデルC7（理系）において就職活動量が影響力を持たない。モデルC4（国公立）においてもその傾向が確認できる点は先の分析と同様である。

6 結 語

本研究で得られた知見をまとめると次のようになる。第1に，内々定の獲得において，文系大学生と比較した場合，理系大学院生の優位と文系大学院生の劣位が明らかになった。初職の獲得における優位性は，理系大学院＞理系大学・文系大学＞文系大学院という順番になる。

第2に，内々定の獲得において，「その他私立」と比較した場合，国公立，有名私立の優位性が明らかになった。難関校の在籍者のほうがそうでない学校の在籍者よりも内々定の獲得確率が高い。

第3に，就職活動を積極的に行った者のほうが，そうでない者よりも内々定を獲得できる確率が高いことが明らかになった。積極的に就職活動を行えば内々定を獲得しやすいであろうという予想通りの結果が得られた。

本研究の主要な結果は，（文系大学と比較した場合）理系大学院に就職プレミアムがあり，文系大学院のそれは負であるという，ある意味ショッキングなものである。苅谷（2011）のいう「学歴インフレ」を文系大学院卒の就職という観点からおよそ実証したかたちになるが，文系大学院卒の就職プレミアムが観察されないことの先にどのような問題があるだろうか。

キャリア形成の重要な起点となる条件の良い初職が獲得できないことで，その後のキャリア（特に賃金）において，文系大学院教育の収益が投資に見合わないという事態が社会的に発生しかねない。また，条件の良くない職の

第5章　大学院進学は内定獲得を促すか？　93

獲得は教育過剰につながり，学歴と職のミスマッチが生産性にロスを生むことになる（乾ほか 2012，平尾 2014）。

　その意味では，学術的には，大学院教育の収益率を専攻別に推計すること，文系大学院の各種専攻が学歴ミスマッチの決定要因になっているのか否かを明らかにしていくことが必要になってこよう。社会的には，文系大学院卒に相応しい仕事の創出とそれに対応した企業の人的資源管理の変化が求められることになる。Drucker（1969）は，知識経済の進行によって生み出される知識労働者をいかに管理するかが重要になること，すなわち，知識労働者（高学歴者）に知識職業（それに見合った職業）を与える必要性を述べている（訳書 pp. 368–369）。日本企業の人的資源管理は，増え続ける高学歴者・知識労働者，特に文系のそれの採用・処遇に対して Drucker（1969）の言及に何らかのかたちで答える必要があるといえるだろう。もし，文系大学院卒の需要がないという答えならば，教育政策はその質的・量的変容を迫られることになる。

　ただし，学歴変数の内生性に十分に対処できていないという本研究の限界を考えれば，以上の議論には労働供給の側面からも言及・留保が必要であろう。文系と理系で大学院進学のセレクション構造が異なっているとすれば，4 グループ（文系大学，文系大学院，理系大学，理系大学院）間の平均的能力にはかなりの差が生じる可能性もある。この場合，文系大学院卒のペナルティと理系大学院卒のプレミアムは，個人の能力差と選択の結果を反映したものとなり，労働供給側の要因も無視できないことになる。これらは残された課題である。今後も実証分析を続けることで 1 つひとつ解決していきたいと考えている。

注
1)　本研究でいう大学院は，修士課程および博士課程前期課程をさす。
2)　大学院生数の増加だけでなく，高度職業人養成などの教育機能の付加，研究科の多様化など教育内容に関する変容もみられる。大学審議会設置以後の大学院政策については，濱中（2009）を参照されたい。
3)　大学院進学率の決定要因を分析した研究として，浦田（2004），村澤（2008），佐藤（2012）

がある。

4) 苅谷（2011）は「働き方とライフスタイルの変化に関する全国調査」のデータを用い，大学進学率が40％を超えた世代では，安定的な雇用機会の確保に与える大学偏差値ランクの影響力が強まることを確認している。その結果，大学の学校歴は人的資本の蓄積ではなくシグナリング効果にとどまる可能性を指摘している。

5) その他の先行研究については森川（2011）も参照されたい。

6) 岸（1998）では，①理系大学院卒の専門知識は高く評価され，企業内で活用されていること，②しかし，文系大学院卒の需要は少なく，活用は未だ進んでいないこと，③理系修士卒，特に物理や数学の専攻者に対する需要は製造業のみならず，金融業でも高いこと，④加工型産業では理系修士卒のみならず，理系大学卒に対する労働需要も高いことが明らかにされ，⑤高度技術社会が求めているのは，高学歴よりも，理工系の正確な知識であり，大学院の増設よりも，中等教育段階での自然科学教育の充実，文系学科の学生への科学教育の必要性が提言されている。

7) リクナビ2015会員規約を確認した。過去のリクナビについては，年度がかわるとサービスが終了するため，最新のリクナビにおいて確認した。リクナビの詳細は，下記のウェブサイトで閲覧可能である。http://job.rikunabi.com/

8) マイナビ2015の利用規約を確認した。過去のマイナビについては，年度がかわるとサービスが終了するため，最新のマイナビにおいて確認した。マイナビの詳細は，下記のウェブサイトで閲覧可能である。http://job.mynavi.jp/

9) 少なくとも修士卒の採用は，大学卒と同じ新卒採用のスケジュールで動く企業が多いと思われる。大学院生の就職活動支援をビジネスにしているアカリク（2010）の就職活動マニュアルを見ても，「就職活動のスケジュールは企業主導です。多くの企業は年度で動いており，4月入社が基本です。入社する前年の4月〜6月に内定のピークがあります。エントリーや企業説明会は選考に先駆けて行われるので，逆算すると遅くとも1月にはエントリーを含めた応募を開始しなくてはなりません。その時期を逃すと，結果的に選考に乗り遅れてしまいます」（p. 76）と大学卒の就職活動スケジュールと同じことが書かれている。また，ふくおかフィナンシャルグループ（2008）が自行の新入社員に行った調査では，大学生と大学院生の就職活動開始時期に差がないことが示されている。

10) 正確には「（平成23年度）大学，短期大学，高等専門学校及び専修学校卒業予定者の就職内定状況等調査」という。この調査は，全国の大学等を対象にした抽出調査で，調査年度の10月1日，12月1日，2月1日，4月1日の就職内定状況が調べられている。

11) 学歴が内生変数であることについては留意が必要である。本研究の分析モデルでは，学歴の高い者や有名大学在籍者のほうがそうでない者よりも内々定獲得確率が高い理由が，より良い教育を受け高い能力を獲得できたから内々定が獲得しやすいのか，あるいは，受けた教育に関係なく，そもそも生来の能力が高い結果として難関校や大学院に進学でき，内々定も獲得しやすいのか識別できない。大学院に進学する者の中には，大学卒業時点で就職できたかもしれないが人的資本の蓄積を高めるために進学する者，大学卒業時点の就職状況が悪いために不本意ながら進学をする者（あるいは，モラトリアム傾向が強く就職したがらない者）がいると考えることができるが，もし，大学院進学者に占める後者の割合が大きければ，大学院卒は学歴が高いにもかかわらず，相対的に能力が低い集団となる（進学や卒業時期が内生性を持つことについては，例えば，Bedarda and Herman 2008などを参照）。このような能力バイアスを除去していない場合，学歴の内々定獲得に与える効果は，純粋な学歴・教育の効果ではないことになる。この問題に対しては，教育のリターンを推計する研究において，

説明変数に能力や家庭環境に関わる変数（例えば，中学3年生時の成績・生活水準）を投入する方法，操作変数を用いる方法，双生児データやパネル・データを用いて個人効果を除去する方法などバイアスへの対処が考案されているが，本研究で使用している横断面データは，これらのことを考慮して収集されたデータではなく，能力バイアスへの対処が困難であった。中学3年生時の成績・生活水準は質問されていない。学歴と強い相関を持ち，誤差項と無相関である適切な操作変数を見出すことは難しく，データは双生児データでも個人を多時点で捉えているパネル・データでもない。この点に限界は残るが，一定限界のあるデータでも社会的な議論に寄与するための探索的な二次分析を行い，推計値の補正を可能にする更なる調査の実施を促していきたいと考えている。

12) 第1節の苅谷（2011）の指摘に従えば，大学院段階の学校銘柄よりも大学段階での学校銘柄のほうが企業の採用活動において，より重視されていると考えることができる。その場合，大学院生については卒業大学の学校銘柄を考慮する必要があるが，本調査データには大学院生の卒業大学名がないため，この点については課題を残す。

13) たとえば，Brown and Taylor（2009）は，ジョブサーチを求人への応募，求人広告の検索，職業紹介機関の利用など職探しの強度（回数で比較できる指標）として定義している。

14) 同じ内々定を得たという状況においても「内定を貰っているが活動継続中」と「内定を貰い就職先を決めて活動終了」とでは，厳密には状況が違う。「内定を貰い就職先を決めて活動終了」している者は，サーチ理論でいうところの留保水準を超えたマッチングを実現した者であるが，「内定を貰っているが活動継続中」の者は，そのマッチングが未だ自身の留保水準を超えていない者と見なせる。内々定を得ていない者についても同様である。この差異を考慮するため，被説明変数を順序変数とした分析を行う。

引用文献

アカリク（2008）『大学院生，ポストドクターのための就職活動マニュアル』亜紀書房

阿部正浩・松繁寿和編（2014）『キャリアのみかた——図で見る110のポイント［改訂版］』有斐閣

乾友彦・権赫旭・妹尾渉・中室牧子・平尾智隆・松繁寿和（2012）「若年労働市場における教育過剰——学歴ミスマッチが賃金に与える影響」ESRI Discussion Paper Series No. 294

浦田広朗（2004）「拡大する大学院」江原武一・馬越徹（編著）『大学院の改革』東信堂，31-49頁

大島真夫（2012）『大学就職部にできること』勁草書房

柿澤寿信・平尾智隆・松繁寿和・山﨑泉・乾友彦（2014）「大学院卒の賃金プレミアム——マイクロデータによる年齢——賃金プロファイルの分析」，ESRI Discussion Paper Series No. 310

加瀬和俊（1997）『集団就職の時代——高度成長のにない手たち』青木書店

苅谷剛彦（2011）「大学教育機会の拡大によって大卒学歴の価値はどのように変化したのか?——日本型学歴インフレの功罪」，東京大学社会科学研究所パネル調査プロジェクト Discussion Paper Series No. 48

苅谷剛彦（1991）『学校・職業・選抜の社会学——高卒就職の日本的メカニズム』東京大学出版会

苅谷剛彦・菅山真次・石田浩編（2000）『学校・職安と労働市場——戦後新規学卒市場の制度化過程』東京大学出版会

苅谷剛彦・本田由紀編（2010）『大卒就職の社会学——データからみる変化』東京大学出版会

岸智子（1998）「高学歴化と研究開発――大学院修了者の労働市場」ライフデザイン研究所
　　『LDI report』8 月号：33-51 頁
玄田有史（2008）「前職が非正規社員だった離職者の正社員への移行について」『日本労働研究
　　雑誌』580: 61-77 頁
――（1994）「高学歴化，中高年化と賃金構造」，石川経夫編『日本の所得と富の分配』東京大
　　学出版会，141-168 頁
小杉礼子編（2007）『大学生の就職活動とキャリア――「普通」の就活・個別の支援』勁草書房
佐藤一磨（2012）「大学院進学の時系列分析」『キャリアデザイン研究』8: 5-19 頁
島一則・藤村正司（2014）「大卒・大学院卒者の所得関数分析――大学教育経験・学習有効性認
　　識・自己学習投資に注目して」『大学経営政策研究』4: 23-36 頁
菅山真次（2000）「中卒者から高卒者へ――男子学卒労働市場の制度化とその帰結」，苅谷剛
　　彦・菅山真次・石田浩編『学校・職安と労働市場』東京大学出版会，193-264 頁
筒井美紀（2005）「新卒労働供給の変貌と中小製造業における高卒技能工の配置と分業範囲」
　　『日本労働社会学会年報』第 15 号，3-24 頁
日本リクルートセンター（1988）「企業からみた日本の大学院――採用企業 200 社アンケート」
　　『リクルート・カレッジ・マネジメント』30 号，4-26 頁
野呂沙織・大竹文雄（2006）「年齢間労働代替性と学歴間賃金格差」『日本労働研究雑誌』No.
　　550，51-66 頁
濱中淳子（2009）『大学院改革の社会学――工学系の教育機能を検証する』東洋館出版社
平尾智隆（2014）「教育過剰が労働意欲に与える影響――高学歴社会のミスマッチ」『立命館経
　　済学』第 62 巻第 5・6 号，99-117 頁
平尾智隆（2012）「理系高学歴人材の人事労務管理――博士卒の処遇プレミアム」『大原社会問
　　題研究所雑誌』No. 639，39-53 頁
平尾智隆・梅崎修・松繁寿和（2011）「大学院卒の処遇プレミアムとその変化――人事管理の 2
　　時点間比較」『社会政策』第 3 巻第 2 号，99-109 頁
平尾智隆・梅崎修・松繁寿和（2007）「企業内における院卒従業員の処遇プレミアム――人事ア
　　ンケート調査を使った分析」『キャリアデザイン研究』Vol. 3，63-74 頁（「第 1 章　院卒者
　　の処遇プレミアム」，平尾智隆・梅崎修・松繁寿和編著（2013）『教育効果の実証――キャ
　　リア形成における有効性』日本評論社: 1-18 頁）
ふくおかフィナンシャルグループ（2008）「地域経済調査――新入社員の就職情勢」『FFG 調査
　　月報』Vol. 1，16-19 頁
宮原将平・川村亮（1980）『現代の大学院教育』早稲田大学出版会
村澤昌崇（2008）「大学院の分析――大学院進学の規定要因と地位達成における大学院の効果」
　　中村高康編『階層社会の中の教育現象』2005 年 SMM 調査シリーズ 6，87-107 頁
山内乾史（2008）「「教育過剰」再考――大学院について」，山内乾史編著『教育から職業へのト
　　ランジション――若者の就労と進路職業選択の教育社会学』東信堂，45-72 頁
森川正之（2013）「大学院教育と就労・賃金――ミクロデータによる分析」，RIETI Discussion
　　Paper Series 13-J-046．
――（2011）「大学院教育と人的資本の生産性」，RIETI Discussion Paper Series 11-J-072．

Bedarda, Kelly and Douglas A. Herman（2008）"Who goes graduate/professional school? The
　　importance of economic fluctuations, undergraduate fields, and ability," *Economics of Educa-
　　tion Review*, 27(2), pp. 197-210.

Brown, Sarah and Karl Taylor（2009）"Reservation Wages, Expected Wages and the Duration of Unemployment: Evidence from British Panel Data" IZA Discussion Paper No. 3981.

Drucker, Peter J.（1969）*The Age of Discontinuity*, Happer & Row Publisher Inc, New York（『断絶の時代――来るべき知識社会の構想』林雄二郎訳，ダイヤモンド社，1969 年）.

Jones, Ethel B. and John D. Jackson（1990）"College Grades and Labor Market Rewards," *Journal of Human Resources*, 25, pp. 253–266.

McGuinness, Séamus（2006）"Overeducation in the Labour Market," *Journal of Economic Surveys*, 20(3), pp. 387–418.

Wise, David A.（1975）"Academic Achievement and Job performance," *American Economic Review*, 65(3), pp. 350–366.

第Ⅱ部

家族・きょうだい・地元編

第6章

就職活動中の親子関係

1 問題の所在

　大学生の就職活動における親の関わりは，今日の日本社会において注目に値するトピックといえる。近年，大学では，学生へのガイダンスのみならず，保護者へのガイダンスも行っている。学生向け就職情報支援サイトのひとつであるマイナビ（2014）によれば，保護者向けガイダンスを実施している大学は 56.1％ であった。つまり，半数以上の大学で実施されている[1]。ガイダンスの内容に注目してみると，「自校の就職支援内容（94.7％）」「就職実績報告（90.8％）」「最新の就職事情（89.5％）」などの項目が上位を占めているが，「親から子どもへの就活アドバイス方法（77.6％）」「親としての役割や役目（76.3％）」など，保護者がどのように自分の子ども（大学生）と関わるかという項目も，依然として高い水準となっている。

　また，別の調査によれば，卒業までに就職先・進学先を決めて欲しいと考える保護者は全体の 85.9％ にのぼる（Benesse 教育研究開発センター 2012）。しかしながら，文部科学省（2014）によれば，大学卒業時に正規の職員等で就職するのは 65.9％ であり，進学者の 11.1％ と合わせても 77％ である。残りの 23％ は「就職者（正規の職員等でない者）」「一時的な仕事に就いた者」「就職も進学もしていない者」「その他」として扱われており，不安定な状態のまま卒業したといえる。こうしたことから，大学生をわが子として持つ親たちが，先行きの見えない不安を抱えやすい現状にある。

　本章では，親が学生の就職活動に関わることが実際にどのように影響しうるのかを，量的データを用いて実証分析を行う。親がどのように関わると，子どもは就職活動の成果としての「内定」を得やすいのかを分析することに

は，一定の社会的意義があると考えられる。個人的経験や個々の事例からさまざまな議論がなされてきたとしても，量的データを用いて検討された学術研究は少ない。本章は，親の関わりが，大学生の内定獲得にいかに影響しうるのか，2013年に実施された調査をもとに検証する。なお，本章では，親の関わりを就職活動中に親が子どもに対して行う会話やコミュニケーションなどとする[2]。

2　先行研究の整理

就職活動の成果，つまり内定に，親や家族成員の関わりがどのように影響しうるかについて検討した先行研究は，関連するテーマのものは散見されるものの，総じて実証的な検証の蓄積に乏しい。たとえ説明変数を家族的要因に求めていたとしても，先行研究の被説明変数は内定の獲得という客観的指標を用いるのではなく，進路や就職活動に対する態度といった，いわば主観的・社会心理的指標を用いる傾向にある。

（1）主観的・社会心理的側面に注目した先行研究

例えば田澤（2006）は，進路に関する親との会話や親からの支持と，大学生の職業不決断の関係性について，東京都内の大学1〜3年生を対象とした量的調査の結果を分析した。その結果，親との会話や親からの支持が少ない群ほど，就職に関する情報や自信の不足を感じやすく，進路決定を先送りしがちな傾向を見出した。

同様に鹿内（2012）は，親との関係性が，大学生の職業未決定や就活不安といかに関係しているか，大学2〜4年生への量的調査の結果から分析した。その結果，男女で若干の違いはみられたものの，概して，親からの支持的関わりが高い群は就職に関する未決定や不安の得点が低いこと[3]，また親との対話に欠ける群は未決定や不安の得点が高いことなどが見出された。

概して，こうした大学生の就職活動の主観的・社会心理的側面を被説明変数とした実証研究では，説明変数として親や家族からの影響に着目するもの

はまれである。むしろ説明変数として，例えば，学生当人の資質や将来ビジョン（例：古田・西之坊 2012），不安やパーソナリティなど心理的側面（例：松田 2013）を要因に置くものが多い。

(2) 就職活動の成果の自己評価，および内定獲得と，親の関わりに関する先行研究

　前節で概観したように，既存の文献は，学生の主観的・社会心理的側面を被説明変数とする研究が多い。その中に，さほど多くはないが，就職活動の成果に関わる変数を被説明変数とする研究が存在する[4]。

　上村（2005）は，被説明変数を「就職活動における自己評価点」として重回帰分析を行った結果，親による「就職に対するアドバイス」が有意な効果があることを見出した[5]。つまり，親から就職に関するアドバイスを受けたほうが，学生自身の就職活動の自己評価は高い傾向にあった。一方，内定の有無という客観的指標に関しても，説明変数を「就職状況の伝達頻度」（学生が就職状況を親にどれほど伝えていたか）とし，その頻度の高い群と低い群を比べたところ，「獲得した内定企業数」は両群に統計的に有意な違いがみられなかった。つまり，親に就職活動の状況を伝えていようがいまいが，獲得した内定数には統計的な有意差がなかった（高い群は 1.98，低い群は1.83）。

　なお，統計的検定をしたという記述を明確にしていないものの，上村（2005）は次の指摘をした。すなわち，親への伝達頻度の影響として，「頻度の高いグループで内定を得ていないのは 5.4% であるのに対して，頻度の低いグループは 12.2% となり，内定獲得率からみれば，就職情報の伝達頻度が有利に働いていると考えられる」（p. 47）という。つまり，最終的な内定の有無でいえば，多少なりとも，親の影響が存在する可能性が示唆されている。しかし，内定の有無を被説明変数とする検討はこれだけであり，一定の示唆を投げかけるものの，十分な実証的分析がなされたとはいいがたい。

　なお，筒井（2008）は，親についての説明変数を用いたわけではないが，内定を獲得した時期を被説明変数にして分析している。すでに大学を出た卒業生に対する調査結果から，自宅生よりも下宿あるいは寮で生活していた学

生のほうが内定獲得の時期が早かったとしている。理由は，自宅生に比べて下宿や寮で暮らしていた学生たちのほうが，自立という側面で長けていたのではないかと考察している[6]。

3 理論的枠組みと本章の仮説

　以上のように，内定獲得という客観的指標を被説明変数にして，その要因を親が子に行う会話やコミュニケーションに求める研究は，実証的な蓄積が十分とはいいがたい。しかし，これまでの実証研究の結果から，親の積極的な関わりが，客観的な成果に対してポジティブな影響（ここでは「内定獲得」）をもたらしうることは推測できる[7]。よって本章では，まず次の仮説を提示する。

仮説①「就職活動中に親が関わることによって，大学生の内定獲得にポジティブな影響がもたらされるだろう」

　ここで親が関わることがなぜ子どもの内定獲得に影響を与えるか，少し踏み込んで考察したい。既存の実証研究の枠組みからではこの考察は難しいため，著名な理論であるパーソンズ・ベイルズの家族機能論から示唆を得たい。
　社会学者パーソンズ・ベイルズのおこなった議論によれば，現代の家族の機能には大きく2つあり，その1つは成人のパーソナリティの安定（the stabilization of the adult personalities）であるとされる（Parsons & Bales 1956: p. 16）[8]。すなわち，家族という存在は，その成員の精神面にポジティブな影響を与える機能を持つ（positive functions for adult personality: p. 20）。本章では，この理論が大学生の就職活動にも適用可能であると推論する。外で疲弊しても，安心できる家族というシステム内に身を置くことができれば，自分を取り戻してまた次の就職活動に向かえるのではないだろうか。こうした居場所の有無によって，就職活動のパフォーマンスに違いが出てくると思われる。本章では，こうした環境を持つ大学生のほうが，内定という成果を得やすいのではないかと考える。

104　第Ⅱ部　家族・きょうだい・地元編

なお，学生たちは就職活動中に過度のストレスを抱えるが，そうした精神状態のままでは就職活動に支障をきたしてしまう。こうした点については，昨今のわが国の研究でも実際に報告されている（北見・森 2010）。

　このように，就職活動中に受けるダメージを軽減できる居場所を有するか否かは，内定獲得に無関係ではないと考えられる。本章では，パーソンズ・ベイルズの理論から示唆を得て，就職活動中の大学生にとって家族の存在は"ベース"（base＝基地）の役割を有するものと捉える。ベースとは，そこに帰ることによって英気を養い，次なる活動に向かうことができる基地のような場所のことである。そこには日中の経験を忘れさせる意味もあり，自尊心の回復という意味もある。こうした論拠から，次の仮説を提示する。

仮説② 「大学生の就職活動において，親の関わりが家族に対する親子関係をよいものとし，それが大学生の内定獲得にポジティブな影響をもたらしうるだろう」

4　量的調査

（1）調査対象者および調査時期

　調査対象者は，株式会社マイナビ（以下，マイナビ）の就職情報サイトのモニターである全国の大学 3 年生 4,841 名（男性 1,528 名；女性 3,313 名）であった。2013 年 12 月から 2014 年 1 月にかけて調査を実施した。2014 年 5 月の時点での内定の有無を確認し，データ結合を行った。

（2）分析に用いた変数
①被説明変数
a）内定獲得
　4 年生 5 月時点（2014 年 5 月）における内定の有無を 2 項変数にして分析に用いた（0＝内定なし，1＝内定あり）。

②説明変数

a) 親子関係

　「ご両親または保護者の方の，あなたの就職活動に対する関わり方についてどのように感じていますか」と教示し，4件法で回答を依頼した。本章では分析の都合上，2項変数として用いた（0＝やや不満・かなり不満，1＝十分満足・ある程度満足）。

b) 親の関わり

　「あなたと，あなたのご両親または保護者の方の間で，以下のようなことはどのくらい行われていますか」と教示し，次の7項目を設けた（A「就職活動に関する話をする」，B「就職活動について相談する」，C「自己分析を進めるために話を聞く」，D「ご両親や保護者の仕事の内容について話をする」，E「将来自分がやってみたい仕事について話をする」，F「就職活動の状況について聞かれる」，G「どの企業にエントリーしたのか聞かれる」）。4件法で回答を依頼した（1＝まったくない，2＝あまりない，3＝時々ある，4＝よくある[9]）。

③統制変数

　属性による違いを考慮するために，以下の統制変数を設けた。すなわち，性別（0＝男子，1＝女子），大学における専攻（0＝文系，1＝理系），住居（0＝自宅，1＝それ以外），地域（8分類[10]）であった。変数の選定にあたって先行研究（林ら2013，佐藤ら2012）を参考にした。

(3) 分析結果

　本章で使用する各変数の記述統計値を表1に示す。本調査では4年生の5月時点で内定の有無を分類したが，およそ4割の学生が内定を得ていることがわかる。また，親子関係については8割程度の学生が満足していることもわかる。

　次に，「親の関わり」の7項目がどのような構造になっているかを明らかにするために因子分析（最尤法，バリマックス回転）を行った（表2）。その結果，2因子構造が妥当であると判断できた。第1因子は，就職活動や職業に関して，子どもと会話したり，相談したりするものなので「相談関係」

表1　各変数の記述統計値

変数	人数	平均	標準偏差	最小値	最大値
内定（0：なし　1：あり）	1,234	0.404	0.491	0	1
性別（0：男子　1：女子）	4,014	0.763	0.425	0	1
専攻（0：文系　1：理系）	4,014	0.856	0.351	0	1
住居（0：自宅　1：それ以外）	4,841	0.358	0.480	0	1
親子関係 　（0：やや不満＋かなり不満　1：十分満足＋ある程度満足）	4,841	0.819	0.385	0	1

表2　親の関わりの因子分析結果

変数	因子1	因子2	Uniqueness	α係数
就職活動に関する話をする	**0.572**	0.450	0.470	
就職活動について相談する	**0.719**	0.285	0.402	
自己分析を進めるために話を聞く	**0.616**	0.176	0.590	0.811
ご両親や保護者の仕事の内容について話をする	**0.561**	0.179	0.653	
将来自分がやってみたい仕事について話をする	**0.624**	0.248	0.550	
就職活動の情況について聞かれる	0.246	**0.653**	0.513	0.708
どの企業にエントリーしたのかを聞かれる	0.233	**0.605**	0.580	
寄与率	0.737	0.433		

注）最尤法（バリマックス回転）で因子を抽出した。

（表2の上5項目）と命名した。第2因子は，より具体的に，就職活動についての進捗をたずねるものなので，「進捗管理」（表2の下2項目）と命名した。信頼性係数αをみると，「相談関係」が0.811，「進捗管理」が0.708であった。なお，以降の分析では因子得点を用いることにする。

　続けて，親の関わり（「相談関係」と「進捗管理」）が就職活動結果（内定獲得）に与える影響を分析する。まず，内定獲得を被説明変数，「相談関係」および「進捗管理」を説明変数とする仮説①を検証する。次に，親の関わりが親子関係に与える影響を分析し（推定式1），その上で親子関係を介して内定に与える影響を仮説②と考えて分析する（推定式2）。前者の因果関係と後者の因果関係を明確に弁別するために，最初の分析で得られた親子関係の推定値を次の分析の説明変数として利用する[11]。以上仮説を図示したのが，図1である。

　まず，仮説①を検証する。内定獲得を被説明変数としたプロビット分析を

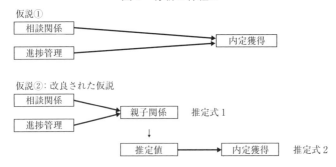

図1　分析の枠組み

表3　内定獲得を被説明変数としたプロビット分析結果（仮説①）

被説明変数：内定有無	係数	Z値
相談関係	0.162	3.09***
進捗管理	−0.049	−0.82
性別（基準：男子）	−0.346	−3.59***
専攻（基準：文系）	−0.295	−2.47**
住居（基準：自宅）	0.233	2.65***
関東（首都圏以外）：（基準　北海道・東北）	0.175	0.67
首都圏	0.137	0.83
中部・東海	0.201	1.09
近畿	0.097	0.57
中国・四国	−0.339	−1.39
九州・沖縄	−0.113	−0.55
海外	0.727	0.93
定数項	0.090	0.44
Number of obs	\multicolumn{2}{c	}{1027}
LR chi 2(11)	\multicolumn{2}{c	}{36.54}
Prob>chi 2	\multicolumn{2}{c	}{0.0003}
Pseudo R 2	\multicolumn{2}{c	}{0.0264}
Log likelihood	\multicolumn{2}{c	}{−672.99539}

*p<.10　**p<.05　***p<.01

行った（表3）。ここで「相談関係」は内定獲得に有意な正の効果を与えていることが確認された。一方，「進捗管理」は統計的に有意な値にならず，なおかつ負の値であった。統制変数に注目してみると，女子，理系のほうが統計的に有意な負の効果であり，住居に関しては自宅以外のほうが有意な正の効果を持つことが確認された。

　次に仮説②を検証する。親子関係を被説明変数としたプロビット分析を

表4　親子関係を被説明変数としたプロビット分析結果
（仮説②：推定式1）

被説明変数：親子関係	係数	Z値
相談関係	0.331	10.77***
進捗管理	−0.060	−1.81*
性別	−0.209	−3.55***
専攻	−0.146	−2.08**
住居	0.218	4.19***
関東（首都圏以外）：（基準　北海道・東北）	0.365	2.07**
首都圏	0.089	0.97**
中部・東海	−0.041	−0.40
近畿	0.208	2.15
中国・四国	0.060	0.47
九州・沖縄	0.026	0.23
海外		
定数項	1.068	9.02***
Number of obs	4009	
LR chi 2(11)	159.98	
Prob>chi 2	0	
Pseudo R 2	0.0419	
Log likelihood	−1829.9638	

*p<.10　**p<.05　***p<.01

注）海外は回答が少ないので，推定から除外した。

行った（表4）。親子関係を被説明変数とした推定式1では，「相談関係」が有意に正の値に，「進捗管理」が有意に負の値になった。相談を軸にした関わり方は良好な親子関係に正の効果を与え，逆に，就職活動がどれだけ進んでいるのか進捗を管理しようとする関わり方は負の効果を与えることがわかる。

　最後に，その親子関係の推定値を説明変数にし，内定獲得を被説明変数にしたプロビット分析の結果を表5に示す。親子関係は有意な正の効果を持つことが確認できた。

　本章の分析結果をまとめると図2のようになる。相談を軸とした親の関わりは内定獲得に正の効果があり，進捗の程度を管理しようとする関わりにはそのような結果は見られない（仮説①）。また，相談を軸とした親の関わりは親子関係に正の効果があり，進捗管理は負の効果がある（仮説②：推定式1）。そして，その親子関係は内定に正の効果がある（仮説②：推定式2）。

第6章　就職活動中の親子関係　109

表5　内定獲得を被説明変数としたプロビット分析結果
　　　（仮説②：推定式2）

被説明変数：内定有無	係数	Z値
親子関係	1.807	2.99***
性別	-0.244	-2.53**
専攻	-0.225	-1.90*
住居	0.135	1.48
関東（首都圏以外）：（基準　北海道・東北）	0.016	0.06
首都圏	0.097	0.59
中部・東海	0.224	1.22
近畿	0.003	0.02
中国・四国	-0.363	-1.49
九州・沖縄	-0.120	-0.58
海外		
定数項	-1.455	-2.73***
Number of obs	1024	
LR chi 2(11)	34.66	
Prob>chi 2	0.0001	
Pseudo R 2	0.0252	
Log likelihood	-671.58862	

*p<.10　**p<.05　***p<.01

注）海外は回答が少ないので，推定から除外した。

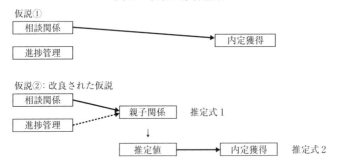

図2　本章の分析結果

110　第Ⅱ部　家族・きょうだい・地元編

5 考 察

(1) 結果のまとめ

　以上，分析の知見を整理すると，大学生の就職活動において，親の関わりは必ずしも手放しにポジティブな影響のみをもたらすわけではなく，良くも悪くも影響しうることがわかる。相談を軸とするような関わりはポジティブな効果を生みだすが，進捗管理という関わりではネガティブな効果をもつ傾向にある。そして，その関係性が子どもの内定獲得という客観的な成果を左右する。このように解釈することが可能である。

(2) 先行研究との対応関係

　以上の知見について，先述した先行研究との対応関係を考えると次のような議論ができる。

　まず上村（2005）は，親への伝達頻度が高い学生群が内定を獲得している割合がやや高めであることを示した。上村（2005）では統計的検証をしていなかったが，本章の分析結果と整合するものである。上村（2005）のいう「伝達」とは，親があれこれ詳細に把握しようとしたり，子どもが指示を受けたりすることではなく，むしろ状況の報告程度にすぎない。本章の知見からも，やはり親は指示的・管理的に関わるのではなく，相談役として見守るぐらいの姿勢のほうが，子どもの内定が得られやすい環境をつくっていると推察される。

　また，筒井（2008）は，自立性が高いほうが内定を早く得やすいことを明らかにした。この知見にも本章の知見は整合する。親があれこれ具体的に関与するよりも，距離感を持って尊重しつつ関わるほうが，内定獲得には良い影響があることが示唆される。

　これらを踏まえて実証結果を整理すると，まず仮説①の結果によれば，親はあまりに積極的かつ具体的に子どもの状況を尋ねたり，口出ししたりするスタンスでいると，マイナスの影響が生じかねない。しかし，それは内定獲

得に直接的にダメージを与えるほどのものではない。ただ，親子の関係性にとってそれはマイナスであり，そのことが内定獲得の障壁になりえる。むしろ逆に，後方から見守り，相談役としてのスタンスでいることのほうが，子どもとの関係性はよくなる。そして仮説②の結果によれば，それが内定獲得につながりえる。

(3) 家族の“ベース”機能

　上述の点を，本章の分析枠組みとして借用したパーソンズ・ベイルズの理論に言及しながら，議論したい。すなわち，大学生の就職活動には，親子関係が良好であることが意味をもつ，というのが本章で提示した枠組みである。このことは，分析結果によると，一定の支持が得られたといえる。

　本章仮説の部分において論じた Parsons & Bales（1956）の論じる家族のポジティブな機能は，本章のコンテキストに近づけて解釈すると，次のような説明ができる。つまり，就職活動のプロセスで，面接・書類審査で厳しい目に遭い，結果として不合格を通知されるなど，幾度となく学生たちは自信を失い，失敗する経験をする。しかし，その経験をひきずったまま進むのではなく，どこかで回復し，自己をとり戻す必要がある。家族はそうした状況における有効な回復機能を担いうる。家の外でどんな経験をしようとも，またどんな評価を下されようとも，自分をありのまま迎えてくれている場所があることが，学生の就職活動の結果に差異を生みだしている可能性がある[12]。

　とはいえ，就職活動の進捗を他者に管理してもらうことがまったく不要であるとも断定できない。過不足ない活動が自力でできる学生もいるかもしれないが，一方でそうした進捗管理をする親のスタンスが有効に作用するケースもあろう[13]。

(4) 社会的示唆

　以上の議論をもとに，本研究の知見がもたらす社会的示唆について考えたい。まず，個々の親のあるべき関わり方についてであるが，これはあまり詳細に把握しアドバイスをするといった関係性でないほうがよいと思われる。

第Ⅱ部　家族・きょうだい・地元編

児美川（2013）は，就職活動を行う大学生の保護者のポジションについて，「「一歩さがったところを走る伴走者」としての役割がふさわしい」（p. 141-142）と述べている。大学側がこのようなスタンスの意義について継続的に保護者に情報を伝えていく意義は示唆される。子どもの成長とともに親は関わり方を変える必要があるという議論は，認識できているようでいて実は実践するのは簡単ではないようだが[14]，それは就職活動を迎えた大学生への関わりにもいえる。

　つまり，親たちに求められるスタンスは，家庭を居心地よく保つことである。外で疲弊してきたわが子をリラックスさせ，そしてまた外に送り出すことが重要である。これこそが"ベース"としての機能といえる。

　さらにいえば，個々の親だけでなく，大学生の子どもを持つ親にむけたガイダンス，カウンセリング，就職活動ビジネスなどに従事する人たちにとっても，本章の知見は示唆的である。つまり，親がいかに就職活動中の子どもに声をかけ，どのように話題づくりをすると内定につながりやすいか，親たちにアドバイスすることができる。常識的・経験的にわかっていることかもしれないが，相談に乗り居心地のよい関係をつくっておくことが大切であると伝える際の，1つのエビデンスとなる。

（5）本章の限界

　最後に，本分析の限界について述べる。まず，本章で扱ったのは家庭内要因が中心だったが，大学生の内定獲得にはもちろん家庭外要因も左右しているはずである。他の要因を含めた検討までは，今回はテーマを拡散させないために試みなかった。しかし，就職活動に影響する要因は，他にも社会的環境・教育的環境，あるいは親以外の他者との関係など多様であり，それらも重要である。家庭内外要因を同時に投入するなどを含めた分析は今後の課題としたい。

　また，本章では父親と母親を区別した議論を行わなかった。就職活動中の子どもとの関わり方は，父親と母親で異なるケースもあるのだろう。しかし，本章でこれを論じるにはテーマが拡散しかねず，また今回はローデータの性質上，可能とならなかった（父母を分けて，親子関係について質問していな

いため)。大学生に対する就職活動関連のアンケートという名目で，父親と母親のことを踏み込んで聞くのは，倫理上容易なことではない。母子家庭・父子家庭への十分な配慮も必要となってくるだろう。父母の違いを考慮するのは重要なことではあるが，本研究のテーマは，子ども個人による父母それぞれとの個別の関係性ではなく，むしろ家族としての全体機能である。父母の差異よりも，家族全体の機能が学生の就職成果にいかに関係しているかを本章では論じた。

　また，本分析で被説明変数としたのは内定の有無のみであった。内定そのものは，もちろん就職の客観的成果として重要な変数ではあるが，とはいえ量的分析をするのであれば，検証可能な変数は他にも存在する。例えば，内定先への満足度，内定先が本命であったか否かなどの心理的側面も含めた複数の指標を用いた分析も行う必要がある。

6　結　語

　今日の日本における話題性のある社会問題の１つとして，若者の就職と親の関与について，本章では取りあげた。量的分析の結果によれば，大学生の内定獲得において親が関与することはプラスにもなりえるし，マイナスにもなりえる。親は直接的に進捗状況をたずねるよりも，むしろ家庭の“ベース”機能を意識しつつ，相談役として見守るぐらいのスタンスがよいことが示唆された。内定獲得という客観的指標を用いて親の関与や家庭のあり方を分析する実証研究は，いまだ蓄積に乏しい。本章の議論が今後の研究の進展に貢献できれば幸いである。

注
1)　保護者向けガイダンスの開始年を調べたマイナビ（2013）は，2010 年前後からやや増加傾向にあることを示しており，近年の傾向であることがわかる。
2)　なお，より具体的な定義は，因子分析の結果を受けて記述する。つまり「相談関係」と「進捗管理」だが，前者は，就職活動や職業に関して子どもと会話したり相談したりするもの

であり，後者はより具体的に就職活動についての進捗をたずねるような関係性である。

3) 指示的関わりが高い群は，就職に関する未決定や不安の得点が高いことも見出された。

4) なお，家族研究という視点から先行研究を概観すると，親の関わりの子どもへの影響に関する研究は多々あるものの，被説明変数を内定獲得とするものは少ない。また，大学生の時期の子どもとその親を扱うものはほとんどみられない。むしろ，より小さな年齢の子どもも含めて分析対象とされるのが通常で，エンドポイントも親から子への職業・階層継承（例：苅谷 2001），子どもの心理状態（例：石川 2004），子どもの自立（例：尹 2007）などに置かれるものが中心であるといえる。

5) 大学 4 年生を対象にした，卒業間近の 12〜1 月にかけての回想法による調査から。

6) 同時に，下宿・寮の学生のほうが，活動期間自体が短めであったことも見出している。

7) 就職活動においては，一般的に最終結果は内定であり，当調査が対象とした年の学生にとって 5 月というのは，就職活動のピーク時点だった。いわば，命運の別れた時期であり，この時期に内定を獲得していたか否かは意義のある指標となると考えられる。なお，もちろん主観的指標に意味がないのではなく，例えば内定先満足度などを扱うのは，4 年次における 5 月調査時点では困難である。卒業時点でも調査を行うことなどが今後の課題となる。

8) もう 1 つの機能は，子どもの社会化（primary socialization of children）とされている。

9) これら 7 項目は，先行研究を踏まえて筆者らが独自に作成した。就職活動における親子の関係性として，既存尺度には適当なものが特定できなかったため，筆者らが自由に検討・作成した。

10) 本研究の地域分類は以下の通りである。1＝北海道・東北（北海道，青森，岩手，宮城，秋田，山形，福島），2＝関東（首都圏以外：茨城，栃木，群馬），3＝首都圏（埼玉，千葉，東京，神奈川），4＝中部・東海（新潟，富山，石川，福井，山梨，長野，岐阜，静岡，愛知，三重），5＝近畿（滋賀，京都，大阪，兵庫，奈良，和歌山），6＝中国・四国（鳥取，島根，岡山，広島，山口，徳島，香川，愛媛，高知），7＝九州・沖縄（福岡，佐賀，長崎，熊本，大分，宮崎，鹿児島，沖縄），8＝海外。

11) このように推定値を媒介変数として用いることは，学問分野の慣例によって異なるかもしれないが，キャリアデザイン研究においてはすでに前例がある（参考：平尾・梅崎・松繁 2013）。

12) 先述のとおり，自宅外の人も考慮して統制変数として分析に投入したが，本質的に本章の知見に反するような結果はみられなかった。自宅通いであろうがそうでなかろうが，"ベース"機能のある家族を有しているかどうかが重要であるといえる。

13) ただし，そうした具体的な進捗管理は，親よりも，大学のキャリアセンターのような専門の機関に求められよう。

14) この点に関して，斎藤（2009）は親も子どもの発達に応じて発達する存在であるという「親発達」の理論枠組みを提示しながら，現状はそれにそぐわない側面も多々みられることを議論した。

引用文献

石川周子（2004）「父親の養育行動と思春期の子どもの精神的健康」『家族社会学研究』15(2)：65-76 頁

上村和申（2005）「大学生の就職活動における両親の影響に関する一考察」『政治学研究論集』21: 35-54 頁

苅谷剛彦（2001）『階層化日本と教育危機——不平等再生産から意欲格差社会（インセンティ

ブ・ディバイド）へ』有信堂高文社

北見由奈・森和代（2010）「大学生の就職活動ストレスおよび精神的健康とソーシャルスキルとの関連性の検討」『ストレス科学研究』25: 37-45 頁

児美川孝一郎（2013）『「親活」の非ススメ』徳間書店

斎藤嘉孝（2009）『親になれない親たち』新曜社

佐藤一磨・梅崎修・上西充子・中野貴之（2012）「女子大学生のキャリア展望と就職活動に関する分析」『キャリアデザイン研究』8: 141-151 頁

鹿内啓子（2012）「大学生における親との関係と職業未決定および就活不安との関連」『北星学園大学文学部北星論集』49(1): 1-11 頁

田澤実（2006）「大学生が認知する親との会話と職業不決断」『武蔵野大学人間関係学部紀要』3: 113-122 頁

筒井美紀（2008）「女子大生はどう"シューカツ"したか？」『現代社会研究』11: 51-67 頁

林絵美子・梅崎修・田澤実（2011）「新規大卒就職活動における地域別比較——2007 年全国 4 年生調査の分析」『サステイナビリティ研究』2: 95-115 頁「第 5 章　就活の都市・地方間比較」，平尾智隆・梅崎修・松繁寿和編著（2013）『教育効果の実証——キャリア形成における有効性』日本評論社，83-109 頁

平尾智隆・梅崎修・松繁寿和（2010）「社会人大学院教育と職業キャリアの関連性——あるビジネススクール卒業生のその後」『日本労務学会誌』11(2): 30-42 頁「第 2 章　社会人大学教育とキャリア」，平尾智隆・梅崎修・松繁寿和編著（2013）『教育効果の実証——キャリア形成における有効性』日本評論社，19-38 頁

古田克利・西之坊穂（2012）「就職活動生のモチベーション変化とモチベーションに影響を与える要因についての研究」『キャリアデザイン研究』8: 65-75 頁

Benesse 教育研究開発センター（2012）「大学生の保護者に関する調査」

マイナビ（2013）「2013 年度キャリア・就職支援への取り組み調査」

マイナビ（2014）「2014 年度キャリア・就職支援への取り組み調査」

松田侑子（2013）「大学生の就職活動不安と性格特性 5 因子モデルの関連」『キャリアデザイン研究』9: 145-153 頁

文部科学省（2014）「学校基本調査——平成 26 年度（確定値）結果の概要」

尹鈴喜（2007）「成人未婚者の自立に影響を与える要因分析」『家族社会学研究』19(1): 7-17 頁

Parsons, T. & R. F. Bales. (1956) *Family Socialization and Interaction Process*, London: Routledge.

第7章

学生は親とのかかわりに満足しているのか？

1　問題の所在

Benesse 教育研究開発センター（2012）によれば，自分の子ども（大学生）が卒業までに就職先・進学先を決めて欲しいと考える保護者は全体の8割以上であった。しかしながら，大学卒業時の進路状況は，正規の職員として就職するのは 65.9% であり，進学者の 11.1% と合わせても 77.0% である。残りの 23.0% は「正規の職員等でない者」「一時的な仕事に就いた者」「就職も進学もしていない者」「その他」として区分されている（文部科学省 2014）。これらの者は不安定な状態のまま卒業したといえる。このことから，大学生をわが子として持つ親たちが，先行きの見えない不安を抱えやすい状況にあるといえる。

　近年，大学では，学生へのガイダンスのみならず，保護者へのガイダンスも実施している。学生向け就職情報支援サイトのひとつであるマイナビの「2014 年度キャリア・就職支援への取り組み調査」によれば，保護者向けガイダンスを実施している大学は 56.1% であり，半数以上の大学で実施されていることがわかる。ガイダンスの内容に注目してみると，「自校の就職支援内容（94.7%）」「就職実績報告（90.8%）」「最新の就職事情（89.5%）」などが上位を占めているが，「親から子どもへの就活アドバイス方法（77.6%）」「親としての役割や役目（76.3%）」など，保護者がいかにして自分の子どもとかかわるかという内容も依然として高い水準となっている。

　保護者と大学生がどのようにかかわっているのかという点と大学生のキャリア意識の関連を扱っている先行研究では，親子間の会話や親が子（学生）に示す態度によって，職業不決断（浦上 1995）などのような心理尺度の得

点や，就職活動についての主観的評価がどのように異なるのかという観点から分析されてきた。

　たとえば，田澤（2006）は，親との会話や親からの支持が少ない学生ほど，自分や職業についての情報不足や，選択への自信のなさを感じており，進路決定を先送りしがちである傾向を示した。また，牛尾（2005）は，就職活動状況を親に伝達する頻度が多いほど就職活動結果への満足度が高いことを明らかにし，星野・寺田（2012）は，親が支援的な態度を取ることは，就職活動過程に対する満足度を高めることを明らかにした。さらに，鹿内（2012）は，親が支持的な態度を取ることは，就職活動が継続できるかという不安感を軽減することを明らかにした。これらの研究が示していることは，概して，親子の間での会話量が多いこと，親が子に支持的な態度を取っていることが職業選択で望ましい結果につながるということである。

　一方で，これらのような結果を否定する見解を示す研究もある。三宅・遠藤（2005）は，大学生とその父母に質問紙調査をおこなった。その結果，総じて父親のあり方は大きな影響をほとんど与えていなかったこと，また，母子のコミュニケーション頻度の高さが子（学生）の進路決定にネガティブな影響を与えていたことを明らかにした。このように，従来の研究では，保護者と大学生の会話は，ポジティブにもネガティブにも影響している結果が見出されている。

　以上のような見解の不一致を生む一つの要因として考えられるのは，どのようなことを親子間の会話と捉えるかという点であろう。浦上・山中（2012）は会話という言葉には，一般的に相対して言葉を交わすという意味が含まれるため，親から子（学生）への一方向的な言葉がけは会話ではないと指摘する。しかしながら，親からの一方的な言葉によっても子（学生）は影響を受けることが予想されるため，本章では，相対して言葉を交わすことと，親から一方的に言葉をかけることも含めて，この両者を保護者と大学生のかかわりと呼ぶことにする。

　また，上村（2005）は，親子間の会話量だけでなく，親の意見やアドバイスがどれだけ就職先の決定に影響しているのかという視点も入れて分析し，親に就職活動状況を伝える頻度が多い者のほうが，また，親から就職に関す

るアドバイスをより多く受けた者のほうが，学生自身の就職活動の自己評価が高い傾向にあることを示した。この結果は，会話量の多さがポジティブな影響を及ぼすという見解を支持するものである。ただし，上村（2005）は，親の意見やアドバイスの就職先決定への影響度については，学生の高い評価にはつながらない結果を示し，親から子（学生）へのアドバイスは，学生側の判断によって就職行動の方向性が決まる場合には有効になり得るが，学生側で判断する余地が少ない場合にはやや否定的な捉え方がなされることを指摘した。この結果は，親から子（学生）へのかかわりだけでなく，子（学生）が親とのかかわりをどのように捉えているのかという視点を含みこむことの重要性を示しているといえよう。

　なお，保護者と大学生のかかわりは，会話や言葉がけのように音声を伴ってメッセージを伝えるものだけではない。非言語のコミュニケーションなど総合的に含むものである。そこで，このかかわりを表す一つの指標として，本章では，関心度を用いる。そもそも関心をもっていなければ，これらのようなかかわりが生まれない可能性があるためである。また，子（学生）が親のかかわりをどのように捉えているのかについては，満足度を指標として用いる。

　本章では，下記3点について検討することを目的とする。第一に，大学生の保護者がどれほど自分の子どもの就職活動について関心があり（以降，関心度と表記），また，それについて大学生がどれほど満足しているのかについて明らかにする（以降，満足度と表記）。第二に，関心度と満足度によって大学生のキャリア意識が異なるのかについて明らかにする。第三に，満足度によって，親のかかわり方が異なるのかについて明らかにする。

2　方　法

（1）対象者

　対象者は，株式会社マイナビ（以下，マイナビ）の就職情報サイトのモニターである全国の大学3年生4,841名（男性1,528名；女性3,313名／文系

3,436 名，理系 1,405 名）である。本調査のモニターは 2015 年卒業予定の大学院生と大学生であり，属性情報でどちらであるかの回答が求められた。本研究では大学生のデータのみを用いた。

（2）調査時期
2013 年 12 月から 2014 年 1 月にかけて調査を実施した。

（3）用いた質問項目
　上記までに見てきた満足度について扱った先行研究では，単項目で尋ねるものが多く見られたため本研究でもそれに従うことにした。これに合わせて関心度も単項目とすることにした。

①**保護者の就職活動への関心度**：「ご両親または保護者の方は，あなたの就職活動に対してどの程度関心を持っていますか」と教示し，4 件法で回答を依頼した（「4 点：非常に関心がある」「3 点：ある程度関心がある」「2 点：あまり関心がない」「1 点：まったく関心がない」）。

②**大学生が感じる保護者とのかかわりの満足度**：「ご両親または保護者の方の，あなたの就職活動に対するかかわり方についてどのように感じていますか」と教示し，4 件法で回答を依頼した（「4 点：十分満足している」「3 点：ある程度満足している」「2 点：やや不満である」「1 点：かなり不満である」）。

③**キャリア意識**：梅崎・田澤（2013）によるキャリア意識の発達に関する効果測定テスト（キャリア・アクション・ビジョン・テスト：CAVT）を用いた。同尺度は，人に会ったり，さまざまな活動に参加したりすることを示す「アクション」（「学外のさまざまな活動に熱心に取り組む」「尊敬する人に会える場に積極的に参加する」など合計 6 項目）と，将来に向けた夢や目標，やりたいことなどをいかに明確にしているかを示す「ビジョン」（「将来のビジョンを明確にする」「将来の夢をはっきりさせ目標を立てる」など合計 6 項目）から構成されている。5 件法で回答を依頼した（「5 点：かなりできている」「4 点：ややできている」「3 点：どちらとも言えない」「2 点：あまりできていない」「1 点：できていない」）。

梅崎・田澤（2013）により，両得点がともに高い者は，学業成績が概して良く，就職活動における活動量が多く，就職先の内定先に満足していることが明らかになっており，妥当性が確認されている。以降の分析では，下位尺度ごとの合計得点を用いることにする。

なお，この尺度は梅崎・田澤（2013）が就職活動をおこなった（または就職活動中の）全国の大学4年生1,851名の調査データを用いて，90項目の候補から最終的に12項目まで絞り込んで作成したものである。同尺度の特徴としては，就職ということに特化して考えた場合に，学生が明確なビジョンをもち，積極的にアクションをとれるようになったか否かを測定すれば，大学におけるキャリアガイダンスの取り組みに効果があったかどうかを示すことが可能であることを見出した点があげられる。以上のような理由により，本研究では，キャリア意識を上記の2側面から捉えることにした。

④**相談相手**：「就職活動について主に話をするのは次のうち誰ですか」と教示し，「父親」「母親」「それ以外の保護者」「就職活動について保護者とは話をしない」の4つの選択肢から1つを選ぶように回答を依頼した。

⑤**保護者の就職活動についてのかかわり**：「就職活動に関する話をする」「将来自分がやってみたい仕事について話をする」「就職活動の状況について聞かれる」「就職活動について相談する」「ご両親や保護者の仕事の内容について話をする」「自己分析を進めるために話を聞く」「どの企業にエントリーしたのか聞かれる」という7つの項目を独自に設けた。4件法で回答を依頼した（「4点：よくある」「3点：時々ある」「2点：あまりない」「1点：まったくない」）。

3　結果と考察

（1）基本統計量

まず，基本統計量（平均・標準偏差・最小値・最大値）を表1に，相関係数を表2に示す。関心度の平均は2.97，満足度の平均は3.07であった（表1）。これは，関心度が「3点：ある程度関心がある」に，満足度が「3点：

ある程度満足している」に近い状態であることを意味している。ここから，多くの学生は保護者が就職活動に関心があると思っており，かつ，保護者とのかかわりに満足していることがわかる。なお，両者の間には有意な正の相関（$r = .13$, $p < .001$）がみられた（表2）。アクション，ビジョンは下位尺度ごとにα係数を算出した。その結果，$\alpha = 0.80$，$\alpha = 0.89$と十分な値が得られた。アクションの平均は18.45，ビジョンの平均は18.70であった（表1）。ともに6項目から構成されているため，すべてが「3点：どちらとも言えない」と回答した場合は18点となるが，それよりも少し高い値であった。

保護者のかかわり方についての7項目で，最も平均が高いのは「就職活動に関する話をする」（3.00）であった。また，最も平均が低いのは，「どの企業にエントリーしたのか聞かれる」（1.86）であった。すなわち，就職活動に関する話をするのは，「3点：時々ある」に近い程度の頻度であり，どの企業にエントリーしたのか聞かれるのは，「2点：あまりない」に近い程度の頻度であることを示している。このことには調査時期が大学3年の12月から1月であったことも影響したのかもしれない。また，関心度と保護者の就職活動についてのかかわりの間には，7項目すべてにおいて有意な正の相関が見られた（表2の項目eからkの順にそれぞれ，$r = .53$, $p < .001$，$r = .32$, $p < .001$，$r = .46$, $p < .001$，$r = .39$, $p < .001$，$r = .26$, $p < .001$，$r = .25$, $p < .001$，

表1　基本統計量

	平均	標準偏差	最小値	最大値
関心度	2.97	0.68	1	4
満足度	3.07	0.72	1	4
キャリア意識				
アクション	18.45	4.85	6	30
ビジョン	18.70	5.37	6	30
親のかかわり方				
就職活動に関する話をする	3.00	0.80	1	4
将来自分がやってみたい仕事について話をする	2.66	0.94	1	4
就職活動の状況について聞かれる	2.56	0.97	1	4
就職活動について相談する	2.49	0.94	1	4
ご両親や保護者の仕事の内容について話をする	2.27	0.98	1	4
自己分析を進めるために話を聞く	1.99	0.90	1	4
どの企業にエントリーしたのか聞かれる	1.86	0.96	1	4

（n = 4,841）

表 2　変数間の相関係数

	a	b	c	d	e	f	g	h	i	j	k
a 関心度	—	.13***	.12***	.11***	.53***	.32***	.46***	.39***	.26***	.25***	.38***
b 満足度	.11*** / .14***	—	.15***	.19***	.12***	.15***	.01	.14***	.10***	.12***	.01
キャリア意識											
c アクション	.10*** / .13***	.13*** / .16***	—	.65***	.10***	.20***	.10***	.09***	.14***	.14***	.12***
d ビジョン	.08** / .13***	.14*** / .21***	.68*** / .63***	—	.08**	.26***	.04**	.07**	.10***	.08***	.08***
親のかかわり方											
e 就職活動に関する話をする	.51*** / .53***	.07** / .15***	.07** / .13***	.06* / .11***	—	.51***	.47***	.62***	.36***	.37***	.37***
f 将来自分がやってみたい仕事について話をする	.33*** / .32***	.06* / .20***	.16*** / .23***	.23*** / .29***	.52*** / .50***	—	.31***	.52***	.44***	.42***	.28***
g 就職活動の状況について聞かれる	.44*** / .47***	-.01 / .02	.08** / .11***	.00 / .06***	.51*** / .45***	.36*** / .30***	—	.34***	.26***	.26***	.55***
h 就職活動について相談する	.36*** / .41***	.07* / .18***	.09** / .12***	.05* / .11***	.57*** / .64***	.48*** / .53***	.38*** / .34***	—	.43***	.54***	.33***
i ご両親や保護者の仕事の内容について話をする	.25*** / .26***	.06* / .13***	.13*** / .15***	.08* / .11***	.39*** / .34***	.47*** / .43***	.30*** / .25***	.46*** / .41***	—	.44***	.26***
j 自己分析を進めるために話を聞く	.23*** / .26***	.05 / .16***	.12*** / .18***	.06* / .11***	.31*** / .39***	.41*** / .42***	.27*** / .25***	.52*** / .53***	.47*** / .42***	—	.28***
k どの企業にエントリーしたのか聞かれる	.35*** / .40***	-.03 / .03	.14*** / .11***	.09*** / .08***	.38*** / .38***	.33*** / .26***	.53*** / .56***	.37*** / .32***	.33*** / .23***	.35*** / .26***	—

注）右：全体　左：上段は男性，下段は女性　　*p<.05　**p<.01　***p<.001

表3　主な相談相手別の人数

	男性		女性	
	人数	%	人数	%
父親	409	26.8	519	15.7
母親	846	55.4	2,331	70.4
それ以外の保護者	18	1.2	45	1.4
就職活動について保護者とは話をしない	255	16.7	418	12.6
	1,528	100	3,313	100

$r = .38, p < .001$)。

　なお，因果関係ではなく相関関係であるので，解釈に留意を要するが，この結果は，保護者が学生の就職活動に関心を持っていると，実際にかかわる頻度が多くなることを物語っている。しかし，満足度と保護者の就職活動についてのかかわりの間には，5項目において有意な正の相関（表2の項目 e, f, h, i, j の順にそれぞれ，$r = .12, p < .001$，$r = .15, p < .001$，$r = .14, p < .001$，$r = .10, p < .001$，$r = .12, p < .001$）が見られたものの，「就職活動の状況について聞かれる」および「どの企業にエントリーしたのか聞かれる」の項目との間にはそのような結果は得られなかった（表2）。これは保護者のかかわり方によっては学生が満足をしていないことを物語っている。なお，変数間の関係性に性別による差異があるかについて確認するために，男女別に尺度間の相関係数を算出したが，結果として相関係数の符号が逆となるような大きな差異は認められなかった（表2）。

　次に，父親と母親のどちらが主な相談相手であるのかを明らかにするために，相談相手の回答の人数を求めた。その際に，男女により回答が異なる可能性を考慮して，男女別に算出した。その結果を表3に示す。父親が主な相談相手となっていると回答する割合は女性（15.7％）よりも男性（26.8％）が，母親と回答する割合は，男性（55.4％）よりも女性（70.4％）が高い傾向が見られた。しかし，男女ともに半数以上は母親が主な相談相手となっている点で共通であった。この結果と先述の基本統計量の男女別の分析結果も考慮し，性別によって回答傾向は大きな差はないものと判断し，以降は男女を合わせて分析することにした。

（2）関心度と満足度の高低とキャリア意識

　関心度と満足度によって，キャリア意識がどのように異なるのかについて明らかにするために，群分けをおこなった。関心度については，「非常に関心がある」または「ある程度関心がある」と回答した者を High 群，「あまり関心がない」または「まったく関心がない」と回答した者を Low 群と分類した。満足度については，「十分満足している」または「ある程度満足している」と回答した者を High 群，「やや不満である」または「かなり不満である」と回答した者を Low 群と分類した。これらを組み合わせて以下の4群を設けた。

「満足度（High）」・「関心度（High）」群（n＝3,286）
「満足度（High）」・「関心度（Low）」群（n＝681）
「満足度（Low）」・「関心度（High）」群（n＝598）
「満足度（Low）」・「関心度（Low）」群（n＝276）

　上記の4群ごとにキャリア意識が異なるのかについて明らかにするために一元配置の分散分析をおこなった（表4）。その結果，どちらにおいても主効果が認められた（$F[3,4837]=38.42$, $p<.001$, $F[3,4837]=51.07$, $p<.001$）。その後，Tukey 法（Tukey の HSD 法）による多重比較をおこなった。その結果，どちらの得点においても「満足度（Low）」・「関心度（Low）」群と「満足度（Low）」・「関心度（High）」群の間以外のすべてで差が見られた。これらの結果を解釈すると，就職活動開始時期に学生が高いキャリア意識を

表4　満足度および関心度の高低とキャリア意識についての得点

	A 満足度 High 関心度 High n＝3,286	B 満足度 High 関心度 Low n＝681	C 満足度 Low 関心度 High n＝598	D 満足度 Low 関心度 Low n＝276	F 値	多重比較
アクション	18.92 (4.75)	18.01 (4.96)	17.21 (4.70)	16.68 (5.16)	38.42***	B<A, C<A, D<A C<B, D<B
ビジョン	19.26 (5.26)	18.42 (5.44)	16.99 (5.21)	16.40 (5.42)	51.07***	B<A, C<A, D<A C<B, D<B

注）カッコ内の数字は標準偏差　　　　　　　　　　　　　　　　　　　***$p<.001$

持つためには，ただ，保護者が就職活動に関心を持つだけでなく，そのかかわり方に学生が満足していることが重要であることを示している。

（3）満足度の高低と保護者の就職活動についてのかかわり

　基本統計の結果からは，保護者が学生の就職活動に関心を持っていると，実際にかかわる頻度が多くなることが想定できるため，ここでは，「満足度（High・Low）」と「関心度（High・Low）」の4群ではなく，「満足度（High・Low）」の2群で比較することにした。

　満足度の高低によって，保護者のかかわり方がどのように異なるのかについて明らかにするために，項目ごとに t 検定をおこなった。その結果，「就職活動に関する話をする」「就職活動について相談する」「自己分析を進めるために話を聞く」「ご両親や保護者の仕事の内容について話をする」「将来自分がやってみたい仕事について話をする」の項目において有意な差がみられた（$t(4839) = 7.33$, $p<.001$, $t(4839) = 9.09$, $p<.001$, $t(4839) = 7.36$, $p<.001$, $t(4839) = 6.22$, $p<.001$, $t(4839) = 9.25$, $p<.001$）。

　分析結果を表5に示す。差が見られた5項目は「～話をする」「～相談する」「～話を聞く」というように学生側が主体的に行動している項目と考え

表5　満足度の高低と親のかかわり方の得点

	満足度 High 群 n = 3,967		満足度 Low 群 n = 874
就職活動に関する話をする	3.04 (0.79)	＞	2.81*** (0.84)
将来自分がやってみたい仕事について話をする	2.72 (0.93)	＞	2.39*** (0.95)
就職活動の状況について聞かれる	2.57 (0.95)		2.52 (1.04)
就職活動について相談する	2.54 (0.94)	＞	2.23*** (0.91)
ご両親や保護者の仕事の内容について話をする	2.31 (0.98)	＞	2.09*** (0.95)
自己分析を進めるために話を聞く	2.03 (0.90)	＞	1.78*** (0.85)
どの企業にエントリーしたのか聞かれる	1.87 (0.96)		1.83 (0.98)

注）カッコ内の数字は標準偏差　　　　　　　　　　　　***$p<.001$

られる。一方，そのような結果が得られなかった2項目は「～聞かれる」という項目であり，保護者側が主体となっており，学生側が受動的になっている項目と考えられる。学生の満足度が高いかかわり方とは，保護者の側から自分の子どもにあれこれと聞く状態というよりも，学生の側が主体的に話をしたり，相談したりする状態といえよう。

4　総合考察

　保護者が就職活動への関心があることが学生の満足につながることは牛尾（2005）でも示されていたが，本研究では，保護者が就職活動への関心を持ち，そのかかわり方に学生が満足していることが，就職活動開始時期において学生が明確なビジョンをもち，積極的にアクションをすることと関係していることを明らかにした。

　近年，保護者が就職活動に実際に関与する例が報告されている。たとえば，学生向けの就職セミナーに保護者が参加したり，欠席の連絡や採用結果の問い合わせを保護者がしたりするケースもある（毎日新聞2012）。「2015年卒マイナビ企業新卒内定状況調査」では，この1年で「保護者の反対で内定を辞退された」経験を持つ企業は16.5％であり，「保護者から採用担当者宛に電話があった」は7.6％であった。本研究の結果からは，保護者が就職活動に関心を持つこと自体は良いことであると解釈できるが，保護者が過剰にかかわった場合は，学生にとってマイナスに作用する可能性も考えられる。

　進路選択における親子のコミュニケーションの重要性は，フリーターに関する研究からも示唆が得られている。本田（2005）は，移行の失敗をもたらす要因のひとつに，進路についての家族からのアドバイス機能の不全をあげ，「放任的な親子関係によりアドバイスが欠落している場合」と，「特定の進路（たとえば大学進学）のみを想定した硬直的で過剰な期待や圧力をかけている場合」とに両極化していることを指摘している。これは言い換えれば，「無関心」でも「過保護」でもないかかわり方の重要性を示しているといえよう。

また，本章では，学生の満足度が高い保護者のかかわり方と，学生の満足度が低い保護者のかかわり方の違いを明らかにした。具体的には，満足度が高い場合は，「話をする」「相談する」「話を聞く」というように学生側が主体的に行動していると考えられた。保護者から「聞かれる」というように，保護者側が主体となっており，学生側が受動的になっていると考えられる項目ではそのような結果が見られなかった。児美川（2013）は，就職活動をする大学生の保護者のポジションについて，「「一歩さがったところを走る伴走者」としての役割がふさわしい」（p. 141-142）と述べている。大学側はこのようなスタンスの意義について継続的に保護者に情報を伝えていくべきであろう。

　最後に，今後の課題を述べる。第一に，本研究では父親と母親を区別した議論をおこなわなかった。就職活動中の子どもとのかかわり方は，父親と母親で異なるケースもあろう。しかし，本研究は，就職活動をおこなう大学生に対する就職活動関連のアンケートであり，その名目で父親と母親のことを踏み込んで尋ねることは容易でなかった。当然のことながら母子家庭・父子家庭への十分な配慮も必要となる。この点を踏まえた追加調査が望まれる。第二に，本研究では，関心度，満足度について単項目で尋ねた。しかし，関心や満足は複数の側面から構成されるものであるという考え方もあろう。今後は，複数の項目を用いて，尺度化を念頭に置いた分析もする必要がある。

引用文献

牛尾奈緒美（2005）「大学生の就職活動と親子関係――ジェンダーを視点として」『明治大学社会科学研究所紀要』44: 103-116 頁

梅崎修・田澤実編著（2013）『大学生の学びとキャリア――入学前から卒業後までの継続調査の分析』法政大学出版局

浦上昌則（1995）「女子短期大学生の進路選択に対する自己効力と職業不決断――Taylor & Betz（1983）の追試的検討」『進路指導研究』16: 40-45 頁

浦上昌則・山中美香（2012）「就職活動における言葉がけの影響――就職活動に対する意味づけとの関連に注目して」『人間関係研究』11: 116-128 頁

上村和申（2004）「大学生の就職活動における両親の影響に関する一考察」『政治学研究論集』21: 35-54 頁

児美川孝一郎（2013）『「親活」の非ススメ――"親というキャリア"の危うさ』徳間書店

鹿内啓子（2012）「大学生における親との関係と職業未決定および就活不安との関連」『北星学園大学文学部北星論集』49: 1-11 頁

田澤実（2006）「大学生が認知する親との会話と職業不決断」『武蔵野大学人間関係学部紀要』3: 113-122 頁

Benesse 教育研究開発センター（2012）「大学生の保護者に関する調査」

星野冴香・寺田盛紀（2012）「就職活動における満足度と親のかかわり方の関連——名古屋地区の女子大生に対するアンケート調査結果から」『職業とキャリアの教育学』19: 1-13 頁

本田由紀（2005）『若者と仕事——「学校経由の就職」を超えて』東京大学出版会

マイナビ（2014）「2014 年度キャリア・就職支援への取り組み調査」

——（2014）「2015 年卒マイナビ企業新卒内定状況調査」

毎日新聞（2012）「就職説明会 子の就活，親も心構えを 保護者向け説明会，開く大学増える」（2012 年 3 月 12 日 東京朝刊 19 頁）

三宅義和・遠藤竜馬（2005）「進路選択における両親の影響——非選抜型大学の保護者の進路意識調査を通じて」居神浩・三宅義和・遠藤竜馬・松本恵美・中山一郎・畑秀和『大卒フリーター問題を考える』ミネルヴァ書房，175-211 頁

文部科学省（2014）「学校基本調査——平成 26 年度（確定値）結果の概要」

第8章

地元志向が就職活動に与える影響

1 問題の所在

　総務省の「住民基本台帳に基づく人口，人口動態及び世帯数（平成28年1月1日現在）」によれば，日本人住民は1億2589万1742人であり，平成21年をピークに7年連続で減少した。このような人口減少の背景もあり，近年，各都道府県では，さまざまな形で人を呼び込む取り組みがなされている。それでは，都道府県間移動はどの年齢層が多いのだろうか。

　総務省の「住民基本台帳人口移動報告　平成27年（2015年）結果」によれば，2015年における都道府県間移動者数は233万4738人であった。同報告より，年齢別の都道府県間移動者数を求めると，わが国の都道府県間移動は20代〜30代で大きな割合を占めており，18歳と22歳が特徴的に多いことが分かる（図1）。これは高校や大学を卒業した後に都道府県間の移動をする若者が多いことを物語っている。

　まち・ひと・しごと創生本部の「まち・ひと・しごと創生総合戦略2015改訂版」（平成27年12月）においては，地方の若い世代の多くが大学等の入学時と卒業時に東京圏へ流出していることを受けて，「地方における自道府県大学進学者の割合を平均で36％まで高める（2015年度道府県平均32.3％）」こと，および，「地方における雇用環境の改善を前提に，新規学卒者の道府県内就職の割合を平均で80％まで高める（2014年度道府県平均66.5％）」ことを重要業績評価指標として掲げている。これは地方大学への進学，地元企業への就職，地元企業等と連携した人材育成を進めようとするものである。このような議論を受けて，文部科学省は，2013年度と2014年度に実施した「地（知）の拠点整備事業」を発展させ，2015年度に「地（知）の

拠点大学による地方創生推進事業（COC+）」を開設した。この事業の中には「地方公共団体と大学等との連携による雇用創出・若者定着に向けた取組の促進」が含まれ、「○○大学卒業生の県内就職率○％アップ」などのように具体的な数値目標を掲げた協定を地方公共団体と大学等が締結するとしている。以上のような背景もあり、大学生が地元を志向するか否かという点に注目が集まっている。

　これまでの大学生の地元志向を扱った研究には下記のようなものがある。労働政策研究・研修機構（2015）は青森県と高知県の大学に対してインタビュー調査を行い、進学のために地域移動をせず、地元就職を目指す学生は「視野が狭い」場合があるため、大学側がキャリア教育で揺さぶりをかける必要性を認識していることを明らかにした。平尾・重松（2006）は山口県の学生を対象に質問紙調査を行い、地元志向の学生のほうが仕事をするイメージを持てない者が多く、就職活動に対する意欲も相対的に低いことを明らかにした。平尾・田中（2016a）は中国地方の学生を対象に質問紙調査を行い、地元志向の学生はやや長期的に働くという意識が低い特徴があることを明らかにし、地元志向の学生は地元企業が期待する人物像とは異なる若者である可能性が高いことを指摘した。これらの研究では、地元志向の学生はキャリア意識が低いという共通した結果が得られている。

　また、就職活動を行う大学生が保護者とどのようにかかわりを持つのかという点も、近年注目されている要因である。たとえば、学生向け就職情報支援サイトの「マイナビ2016年度キャリア・就職支援への取り組み調査」によれば、毎年、保護者向けガイダンスを実施している大学は58.2％であり、ガイダンスの内容は「自校の就職支援内容（94.7％）」「就職実績報告（90.8％）」「最新の就職事情（89.5％）」などが上位を占めているが、「親から子への就活アドバイス方法（71.0％）」「親としての役割や役目（67.2％）」など、保護者がいかにして自分の子どもとかかわるかという内容も依然として高い水準となっている。

　さらに、金森（2016）は中国・四国地方における大学生の保護者を対象にした質問紙調査より、母親が子（学生）の就職に求めるタイプには「地元にいてね型」「高望み型」「どこでもいいね型」があることを見出し、「地元に

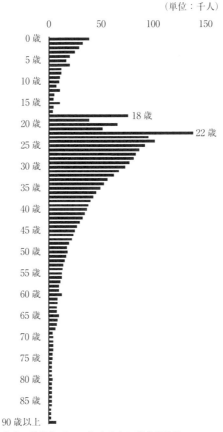

図1　年齢別の都道府県間移動者数

出典：総務省（2016a）をもとに筆者が作図

いてね型」では，地元以外に優良企業はあるにもかかわらず，地元での就職を推すために学生の企業選択の幅を狭めることになると指摘した。

　学生の地元志向と保護者とのかかわりを指摘する研究には下記のようなものがある。上述の労働政策研究・研修機構（2015）は，学生が就職先地域について親の希望を察知して地元就職を考える傾向があることを示した。杉山（2012）は北海道の学生を対象に質問紙調査を行い，キャリア発達の低い学生は親の意見をそのまま地元志向へと結びつけていることを示した。米原・

田中（2015）は，山口県の学生を対象に質問紙調査を行い，親からの心理的な自立が不十分な若者が地元志向を強めることを明らかにした。これらの研究では，地元志向の学生は保護者とのかかわりが他の学生とは異なるという共通した結果が得られている。

　地元志向とキャリア意識の関連，また，地元志向と保護者とのかかわりの関連については，上記のようなことが明らかになっている。しかし，これらの研究は，エリアが限定された調査であるため全国データでの比較は行われていない。本研究でも，先行研究をふまえて，都道府県間移動をしなかった場合を地元志向と定義するが，このように定義した場合，エリアは特に問われないことになる。しかしながら，地元志向に関連した先行研究では，暗黙裡のうちに非大都市圏における若者が想定されており，非大都市圏の若者が大都市圏に移動するか移動しないかについて問われてきた。そのため，大都市圏の若者との比較が十分に行われているとは言い難い。2017 年 6 月に閣議決定した地方創生施策の新たな基本方針では，「東京 23 区の大学は，定員増を認めないことを原則とする」という規制の導入が盛り込まれており，大学が東京（特に 23 区）に一極集中している状態を是正しようとする動きもある近年において，都市圏の学生と非都市圏の学生の違いを明らかにすることは一定の意義があると思われる。

　そこで本章では，全国の就職活動を行う大学生を対象にしたデータをもとに，地元志向がキャリア意識および保護者とのかかわりに与える影響を明らかにすることを目的とする。なお，また，わが国の大学は三大都市圏に集中しているという指摘[1]を考慮して，三大都市圏と非三大都市圏に分けて分析することにする。

2　方　法

（1）対象者

　対象者は，就職情報サイトのモニターである全国の大学 3 年生 2,976 名である。しかし，以降で述べる条件に該当する者を抽出したため最終的には

2,920名(男性894名;女性2,026名/文系2,082名;理系838名)を分析の対象とした。

(2) 調査時期
2014年12月から2015年1月にかけて調査を実施した。

(3) 用いた質問項目
①属性:大学の種類[2],文理,性別などを尋ねた。
②地元志向:地元志向を捉えるために以下の3つの項目を用いた。対象者には各項目において47都道府県に「海外」を足し合わせた合計48個の選択肢から1つを選ぶように回答を依頼した。a)高校所在地:「卒業した高校の所在地の都道府県を選択してください」と教示した。高校へは実家から通うことがほとんどであるため,本研究では,高校所在地を地元の都道府県とした。b)大学所在地:「進学した大学の所在地の都道府県を選択してください」と教示した。「高校所在地」と「大学所在地」が同じであれば,「地元に残留した」と解釈することにし,異なっていれば,都道府県間の移動があったものとみなし,「地元を離れた」と解釈することにした。c)希望勤務地:「最も働きたいと思う勤務地を都道府県一覧から1つ選択してください」と教示した。なお,上記の3つの項目のいずれかにおいて「海外」と回答した者は56名であった。これらの者を分析から除外し,47都道府県間の移動および残留をした者を分析の対象とした。田澤・梅崎・唐澤(2013)を参考にして,5つの地域移動パターン(「完全地元残留組」「社会人デビュー組」「大学デビュー残留組」「Uターン就職組」「流動組」)を設けた(図2)。本研究では,

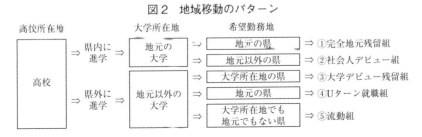

図2 地域移動のパターン

完全地元残留組を地元志向とする。

③**キャリア意識**：梅崎・田澤（2013）によるキャリア意識の発達に関する効果測定テスト（キャリア・アクション・ビジョン・テスト：CAVT）を用いた。同尺度は，人に会ったり，さまざまな活動に参加したりすることを示す「アクション」（「学外のさまざまな活動に熱心に取り組む」「尊敬する人に会える場に積極的に参加する」など合計6項目）と，将来に向けた夢や目標，やりたいことなどをいかに明確にしているかを示す「ビジョン」（「将来のビジョンを明確にする」「将来の夢をはっきりさせ目標を立てる」など合計6項目）から構成されている。5件法（「5点：かなりできている」「4点：ややできている」「3点：どちらともいえない」「2点：あまりできていない」「1点：できていない」）で回答を依頼した。なお，同尺度は，梅崎・田澤（2013）により，学業成績，エントリーシートの提出数など就職活動量，内定取得数，就職内定先に対する満足感との関連が明らかになっており，妥当性が確認されている。

④**保護者とのかかわり**：田澤・梅崎（2016，本書7章）の項目を参考にして9項目（項目例「就職活動について相談する」「将来自分がやってみたい仕事について話をする」）を設けた。4件法（「4点：よくある」「3点：時々ある」「2点：あまりない」「1点：まったくない」）で回答を依頼した。

(4) 分析モデル

地元志向を説明変数，キャリア意識および保護者とのかかわりを被説明変数とする重回帰分析を三大都市圏と非三大都市圏に分けて行う。統制変数として，大学の種類，文理選択，性別を用いることにする。分析モデルを図3に示す。

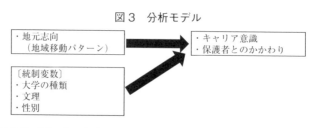

図3　分析モデル

3 結果と考察

(1) 属性や地域移動パターンの基本統計量

はじめに，属性や地域移動パターンの基本統計量を表1に示す。地域移動パターンで最も多かったのは，完全地元残留組（33.8%）であり，次いで，大学デビュー残留組（21.2%），Uターン就職組（19.2%）であった。また，本研究では，大学所在地を基準にしてエリアを三大都市圏（67.1%）と非三大都市圏（32.9%）に分類した。

(2) 尺度の構成

キャリア意識（CAVT）は下位尺度ごとに信頼性件数（α係数）を算出してそれが十分な値であれば，元尺度の構成を用いることにした。保護者の就職活動についてのかかわりは新規に尺度を作成することにした。

まず，CAVTの下位尺度ごとにα係数を算出した。その結果，$\alpha = .811 \sim .891$という値であった。下位項目の合計得点を求め，それぞれアクション得

表1　属性や地域移動パターンの基本統計量等

	人数	割合(%)
国公立	737	25.2
難関私立	532	18.2
その他私立	1,651	56.5
文系	2,082	71.3
理系	838	28.7
男性	894	30.6
女性	2,026	69.4
三大都市圏	1,958	67.1
非三大都市圏	962	32.9
完全地元残留組	986	33.8
社会人デビュー組	330	11.3
大学デビュー残留組	619	21.2
Uターン就職組	561	19.2
流動組	424	14.5

点，ビジョン得点とした。

　次に，保護者とのかかわりの9項目に対して主因子法による因子分析を行った。固有値1以上の基準や解釈可能性から，2因子構造が妥当であると考えられた。再度2因子を仮定して，最尤法・プロマックス回転による因子分析を行った。その結果，2つの因子に高い負荷量を示した1項目を分析から除外し，再度最尤法・プロマックス回転による因子分析を行った。プロマックス回転後の最終的な因子パターンと因子間相関を表2に示す。

　第1因子は「就職活動について相談する」「将来自分がやってみたい仕事について話をする」という項目に高い負荷量を示していたため，相談関係因子と命名した。第2因子は「就職活動について，プレッシャーをかけられる」「こういう仕事に就いてほしいという話をされる」という項目に高い負荷量を示していたため干渉関係因子と命名した。これらの下位尺度に含まれる項目得点の合計を項目数で除して下位尺度得点とした。それぞれ相談関係得点，干渉関係得点とした。内的整合性を検討するために各下位尺度の α 係数を算出したところ，相談関係因子で $\alpha = .821$，干渉関係因子で $\alpha = .697$ であり，およそ十分な値と判断した。

　続いて，両尺度の平均等の基本統計量と尺度間の相関を表3に示す。CAVTの下位尺度はそれぞれ6項目で構成されており，すべてが「3点：どちらでもない」であった場合は18点となるが，アクション得点もビジョン

表2　保護者とのかかわりについての因子分析結果

	F1	F2
F1：相談関係（$\alpha = .821$）		
就職活動について相談する	.853	-.020
将来自分がやってみたい仕事について話をする	.697	-.058
就職活動に関する話をする	.686	.134
自己分析を進めるために話を聞く	.668	-.016
ご両親や保護者の仕事の内容について話をする	.558	-.003
F2：干渉関係（$\alpha = .697$）		
就職活動について，プレッシャーをかけられる	-.126	.792
こういう仕事に就いてほしいという話をされる	.068	.635
就職のことは口出ししない（R）	.085	.564
因子相関行列	.252	

注）（R）は反転項目

138　第Ⅱ部　家族・きょうだい・地元編

表3　基本統計量と尺度間の相関

		平均	標準偏差	最小値	最大値	相関 b	c	d
a	アクション	18.33	4.98	6	30	.634***	.270***	.018
b	ビジョン	18.15	5.39	6	30		.261***	.005
c	相談関係	2.51	0.70	1	4			.207***
d	干渉関係	2.17	0.78	1	4			

***$p<.001$

得点も平均が18点以上であった。また，相談関係得点，干渉関係得点は，「2点：あまりない」と「3点：時々ある」の中間程度の平均であった（それぞれ，$M=2.51$　$M=2.17$）。

(3) 地元志向がキャリア意識に与える影響

地域移動パターン（「完全地元残留組」「社会人デビュー組」「大学デビュー残留組」「Uターン就職組」「流動組」）がキャリア意識に与える影響を明らかにするために，地域移動パターンおよび属性（大学の種類，性別，文理）を説明変数，CAVTの下位尺度得点を被説明変数とする重回帰分析（強制投入法）を行った（表4）。

まず，非三大都市圏における地域移動のパターンに注目してみると，完全地元残留組であることよりも社会人デビュー組，流動組であることはアクション得点およびビジョン得点に対して正の影響を与えていた。それに対して，三大都市圏においては，そのような結果はみられなかった。すなわち，就職活動開始時期において，非三大都市圏で高校，大学，希望する勤務地がすべて同じ都道府県である学生（完全に地元を志向する学生）はアクションを起こすことに消極的であり，将来のビジョンが明確ではないことを示した。また，同様の結果は三大都市圏においてはみられないことから，非三大都市圏において地元志向を有する学生の特徴と解釈できた。

(4) 地元志向が保護者とのかかわりに与える影響

地域移動パターンが保護者とのかかわりに与える影響を明らかにするために，保護者とのかかわりの下位尺度得点を被説明変数とする重回帰分析（強

表4　地元志向がキャリア意識に与える影響

	非三大都市圏		三大都市圏	
	アクション	ビジョン	アクション	ビジョン
	β	β	β	β
大学の種類（基準：その他私立）				
国公立ダミー	−.063	−.042	−.013	−.021
難関私立ダミー	−.035	.013	.011	.006
文系ダミー	.056	−.009	.061**	−.023
男性ダミー	.028	.034	.071**	.101***
地域移動パターン（基準：完全地元残留組）				
Uターン就職組	.025	.038	−.014	.002
大学デビュー残留組	.094**	.047	.030	.023
社会人デビュー組	.091**	.117**	.018	.029
流動組	.119**	.147**	.031	.018
R²	.024**	.026**	.011**	.013**
F	2.956	3.121	2.691	3.178
サンプル数	962	962	1958	1958

**p<.01　***p<.001

表5　地元志向が保護者とのかかわりに与える影響

	非三大都市圏		三大都市圏	
	相談関係	干渉関係	相談関係	干渉関係
	β	β	β	β
大学の種類（基準：その他私立）				
国公立ダミー	−.102**	.008	−.019	.320
難関私立ダミー	.027	.028	−.021	.234
文系ダミー	−.014	.067	.029	.341
男性ダミー	−.057	.030	−.123***	.939
地域移動パターン（基準：完全地元残留組）				
Uターン就職組	.083*	−.002	−.011	.522
大学デビュー残留組	.035	−.037	−.002	.168
社会人デビュー組	−.010	−.011	.005	.995
流動組	.095*	.045	−.018	.666
R²	.021**	.010	.018***	.004
F	2.570	1.156	4.543	0.932
サンプル数	962	962	1958	1958

*p<.05　**p<.01　***p<.001

制投入法）を行った（表5）。地域移動パターンに注目してみると，非三大都市圏においては，完全地元残留組であることよりもUターン就職組，流動組であることは相談関係得点に正の影響を与えていた。それに対して，三大都市圏では，そのような結果はみられなかった。すなわち，非三大都市圏で完全に地元を志向する学生は，将来自分がやってみたい仕事について保護者と相談するようなかかわりの頻度が相対的に低いことが明らかになった。

　なお，干渉関係得点には有意な影響があるとはいえなかった。同様の結果は三大都市圏においてはみられないことから，非三大都市圏において地元志向を有する学生の特徴と解釈できた。

4　総合考察

　本章の目的は，全国データをもとにして，地元志向がキャリア意識および保護者とのかかわりに与える影響を明らかにすることであった。その結果，非三大都市圏の学生において，完全地元残留組のキャリア意識がアクションの面でもビジョンの面でも相対的に低いこと，また，将来自分がやってみたい仕事について保護者と相談するようなかかわりの頻度が相対的に低いことが明らかになった。さらに，三大都市圏の学生においては同様の結果は見られなかった。

　以上のような結果は，地元志向の学生はキャリア意識が低いという先行研究の結果，および，地元志向の学生は保護者とのかかわりが他の学生とは異なるという先行研究の結果と一致する。本章では，これらの結果が非三大都市圏の学生において見られることを新たに明らかにした。就職活動への消極性がその後の初期キャリアにどのように影響するのかは，今後データの蓄積が必要である。そして，非三大都市圏において，どのような者が地元に残留するのかという視点を今後は議論していくべきであろう。松坂（2016）が述べるように，地元に何人の人を残すかという数値目標の議論だけが注目されており，どのような人材を育成するかについての議論はこれからという状況である。

なお，松永（1978）によれば，1970 年代の米国では，キャリア教育の対象がすべての児童・生徒であったにもかかわらず，「キャリア教育は少数民族集団出身者を早期にトラッキングし，「袋小路の仕事」へと追いやる」という誤解があったことを指摘している。地元志向の学生においても同様の批判が生じてはならない。

　平尾・田中（2016b）は，非地元志向者が地元で就職したり，地元志向者が地元を離れたり，両方の動きが観察されることから，地元志向にとらわれることなく，幅広い視野で仕事選択の機会を提供することの重要性を述べる。移動パターンの変化可能性，すなわち，地元志向からの変化可能性を視野に入れた支援が学生に対しても，保護者に対しても望まれる。

注
1) 文部科学省の「学校基本調査——平成 28 年度結果の概要」によれば，大学数は 777 校であり，その中で三大都市圏にある大学数は 429 校（55.2％）であった。大都市圏に比べて，非大都市圏では 4 年制大学に進学することと地元を離れることがセットになることが多いと考えられる。
2) 国公立ダミー，難関私立ダミー，その他私立ダミーを作成した。難関私立ダミーには，早稲田，慶應義塾，上智，明治，法政，立教，青山学院，中央，学習院，国際基督教，津田塾，東京理科，南山，関西学院，関西，同志社，立命館，西南学院が含まれる。

引用文献
梅崎修・田澤実編著（2013）『大学生の学びとキャリア——入学前から卒業までの継続調査の分析』法政大学出版局
金森敏（2016）「父親・母親と男子学生・女子学生の就業意識に関する比較調査——母親に着目して」『キャリアデザイン研究』12: 59-70 頁
杉山成（2012）「大学生における地元志向意識とキャリア発達」『小樽商科大学人文研究』123: 123-140 頁
総務省（2016a）「住民基本台帳人口移動報告　平成 27 年（2015 年）結果」
——（2016b）「住民基本台帳に基づく人口，人口動態及び世帯数（平成 28 年 1 月 1 日現在）」
田澤実・梅崎修・唐澤克樹（2013）「進学と就職に伴う地域間移動——全国の大学生データを用いて」『サステイナビリティ研究』3: 151-167 頁
田澤実・梅崎修（2016）「保護者のかかわりと大学生のキャリア意識」『キャリア教育研究』35: 21-27 頁（本書 7 章）
平尾元彦・重松政徳（2006）「大学生の地元志向と就職意識」『大学教育』3: 161-168 頁
平尾元彦・田中久美子（2016a）「大学生の地元志向とキャリア意識」『キャリアデザイン研究』12: 85-92 頁

── （2016b）「就職活動を通じた地元志向の変化」『大学教育』13: 65-71 頁

マイナビ（2016）「2016 年度キャリア・就職支援への取り組み調査」

松坂暢浩（2016）「地方大学に通う大学生の地元志向の理由とキャリア志向の関係」『山形大学高等教育研究年報』10: 44-48 頁

松永裕二（1978）「アメリカにおけるキャリア教育（Career Education）の展開とその諸問題」『九州教育学会研究紀要』6: 201-208 頁

まち・ひと・しごと創生本部（2015）「まち・ひと・しごと創生総合戦略 2015 改訂版」

── （2017）「まち・ひと・しごと創生基本方針 2017（概要版）～地方創生の新展開に向けて～」

文部科学省（2015）「平成 27 年度「地（知）の拠点大学による地方創生推進事業（COC+）」の選定状況について」

── （2016）「学校基本調査──平成 28 年度結果の概要」

米原拓矢・田中大介（2015）「地元志向と心理的特性との関連──新たな発達モデルの構築に向けて」『地域学論集（鳥取大学地域学部紀要）』11(3): 139-157 頁

労働政策研究・研修機構（2015）「若者の地域移動──長期的動向とマッチングの変化」

第9章

きょうだい出生順と地域移動の希望

1　問題の所在

　今日の日本では，青年期キャリアにおいて就職時に地域移動の選択肢がある。大卒者は就職の機会に生まれ育った場所を離れることもあれば，そのまま残留することもある。あるいは大学時代に一度外に出てもUターンという形で戻ってくることもあれば，都市出身者がIターンという形で地方に居住することもある。このように現代の就職時の地域移動には，多様な選択肢が個々人に与えられているようにみえる。

　この点と関連して，地方で人口減少や高齢化が加速する中で，地方に若者を集める政策が進められている。2014年には「まち・ひと・しごと創生本部」が発足した。この政策の意図は，人材（主に若者）が地方に残るか，もしくは都市から地方に移動することにより，地方に新しい仕事が生まれ，地域活性化につながるというものである。しかし，この政策は目標が先行しており，実際に地域移動をする若者たちの置かれた状況が十分に把握されているとは言い難い。個人のキャリア形成が長期的にサステイナブルな社会環境の設計に関係することはこれまでも指摘されている（e.g. 林・梅崎・田澤2011）。地域活性化のためには，地域移動をする若者個々人の側からみたキャリア選択の意味を考察する必要がある。

　わが国では，青年期の地域移動の選択において，伝統的に慣習あるいは法制度により，性別や出生順といった生得的属性による制約が課されていた。とりわけ長男に対して選択肢が限られ，生まれ育った場所への残留が余儀なくされた。これは社会的常識やイメージの水準を超え，関連する分野の既存研究を参照すれば，明白な歴史的事実だったといえる（後述）。

しかし，さまざまな社会変化が生じてきている現在，依然としてこのような伝統的な制約が長男に課せられているのだろうか。あるいは長男にはもはや制約が課せられず，就職時に自由な地域移動がなされているのだろうか。この点を，現在の若者を対象とした大規模調査の結果をもとに分析し，実態を検証するのが本章の目的である[1]。

2 先行研究

伝統的な日本社会では，長男に後継ぎ（家督相続）をさせたのが一般的だったことが，家族社会学や歴史的研究によって示されている。つまり地域移動をともなうキャリア選択は，きょうだいの出生順によって慣習的に規定されていた。より具体的には，長男にキャリア選択における家督的制約が課せられていた。それは「長男子単独相続」という言葉で言い表されるものであった（光吉他 1986：p. 8）。この慣習はかなり古く前近代から継続されており，階層や職業を問わず武士・町人・農民に共通してみられた（竹内 1974；坪内 2001）[2]。

ただし，そうでないケースがあったことも報告されてきた。例外的に長男の死亡や子どもがいないこと（無子）により，次男以降も後継ぎを余儀なくされた事例もあった。あるいは長男に後継ぎさせたのが一般的でない地域も，まったく存在しないわけではなかった。たとえば，長子家督相続の慣習は全国一律ではなく，東日本と西日本に違いがあった可能性を指摘するものもある（佐藤 2004）。また姉家督制度，末子相続制度などの慣習が，地域によっては少ないながらも存在したとされる（坪内 2001；内藤 1974）[3]。

この傾向は近代になり，明治期に入ると特に強化され，明治民法で法的に明記された。その結果，青年期のキャリアにおける地域移動という点で，子のキャリア選択に対して法的な効力が強いられた。つまり，長男は移動性の自由を有せずに拘束されることが法的な事実となった（染谷 2003；玉城 1974）。明治期に強化されたこの流れは，その後も維持された。蓑輪（2008）によれば，大正から昭和初期にかけてもこの傾向は続いた。

その後，昭和になり，第二次世界大戦が終わると，民法の改正がおこなわれた。その改正により，法的に長男の後継ぎが強制されなくなった。換言すれば，青年期の地域移動という点でのキャリア選択に，長男はようやく自由な法的権利が与えられた。

　しかし，長男が制約を受ける傾向は慣習として容易に消滅したわけではなく，戦後になっても慣習は残された。その実証的な報告例は，実際に複数挙げられている（澤口・嶋﨑 2004；大友 1993）[4]。

　こうした長男の家督相続制度は，機能的にみれば主として家や親族の存続のためのものであり，またきょうだい間での争いごとの回避に一定の意義を有していたと解釈される。そして，高度成長期には，日本の経済発展に寄与する機能が存在したと考えられる。つまり，幼少期より次男以降の子どもたちは家を出て立身出世をするが，家組織への忠誠は保ち続けるという予期的社会化を体験しつつ成長することになった。これにより禁欲的で恭順な労働力が日本社会に輩出されることになり，マクロな経済発展に寄与したと分析された（野々山 2007）。

　しかし近年の傾向として，長男と次男以降の子に，後継ぎに関しての違いがみられなくなったとの議論がある。例えば佐藤（1996）は離家のタイミングについて研究し，そのタイミングはきょうだいの出生順や性別によって統計的な違いがみられなくなったとした。

　また，さまざまな意味で後継ぎが双系的になってきたという分析もある。つまり男子と女子どちらも後継ぎになりえるようになり，それぞれ親子の繋がりや継承するものが異なるという視点の議論である。三谷（1991）は，男子は経済的・人生プラン的な要素において親との繋がりを継続するが，女子は日常生活や贈答を通しての緩やかで頻繁な繋がりを持つ傾向にあるという。とくに結婚後，壮年期になってからの親子の関係を論じた研究では，女子と親のつながりが軽視できない知見が近年出されてきた。施（2006）は，娘への援助が増加している傾向を示し，野辺（2003）は娘の近居が多い傾向性を示した。

　本章では，このように散見される先行研究を総括した上で，現在の青年期における地域移動について検証する。以前と同じように長男は後継ぎの縛り

を受けて地元に残り，一方で，次男以降や女子は外に出るという傾向はどれほど実際に観測されるのだろうか。あるいは，女子と親のつながりを報告する研究に示唆されるように，青年期の地域移動について，男女の違いが弱まっているのだろうか。歴史を俯瞰した家族社会学的見地によれば，長男による後継ぎの慣習は完全に消えていないが，新しく安定的に継続する規範が出てきたわけではなく，いわば状況適合的であると論じられてきた（森岡1993）。こうした諸先行研究に留意しつつ，以下では分析を進めていく。

3　方　法

(1) 調　査

　調査回答者は株式会社マイナビ（以下，マイナビ）の運営する就職情報サイトのモニターである全国の大学3年生2,882名（男子879名；女性2,003名）である[5]。モニター登録をしている学生たちによって同社のウェブサイトを通じて回答された。調査項目作成の過程では，マイナビの調査担当者と筆者らによって，念入りに検討がなされた。2015年12月から翌月の1月まで回答が寄せられた。当調査の特徴として，次の諸点が挙げられる。大学生が当社にモニター登録する目的は，就職活動の情報収集のためであり，アンケートへの回答のためではない（一般的なモニター調査とは異なる）。むしろ「ホームページ据え置き調査」に近い。回答が求められた時期は，まだ本格的に就職活動が始まっていない頃であり，登録していても閲覧自体がまだ少なかった。例年の回答者数をベースに，一定人数の回答を得た時点で回答を打ち切った。つまり回収率を高めることよりも，一定の回収数を重視していた。本調査の利点として，これほどの人数の回答を全国レベルで得たことは重要である。

(2) 分析モデル
①説明変数
　「きょうだい出生順」は，長子または一人っ子が家督相続の慣習の影響を

受ける可能性が高い群として「1」とし，中間子あるいは末子を「0」とした。

②被説明変数

被説明変数は「地域移動」である。地元は高校所在地の都道府県とした（高校へは自宅から通うことが一般的なため）。大学卒業を控え，就職時に出身県を選択する人を「残留」と捉えて「1」とし，出身県を出る人を「0」とした。具体的には地元について「あなたの出身高校の所在都道府県を選択してください」でたずね，就職時の地域移動を「希望勤務地の都道府県のうち最も勤務したい場所を1つだけ選択してください」で尋ねた。どちらも全都道府県を選択肢とし，該当するものを選んでもらった。ただし例外的に，3大都市圏内の他県への移動はこれに含めず，同一都市圏内における隣接都府県への就職だとしても残留として扱うこととした[6]。

③統制変数

統制変数として，出身都道府県が都市圏か否か，および大学ランクを考慮に入れた。都市圏については，3大都市圏を「1」とし（東京圏・名古屋圏・大阪圏），その他の道県を「0」とした。総務省による「住民基本台帳人口移動報告」の分類に従って3大都市圏は，東京圏（東京，神奈川，埼玉，千葉），名古屋圏（愛知，岐阜，三重），大阪圏（大阪，京都，奈良，兵庫）とし，非3大都市圏はそれ以外の36道県とした[7]。

大学ランクは，いわゆる銘柄大学を「1」とし，それ以外の大学を「0」とした[8]。平沢（2010）は，初職が大企業か公務員だったかという指標においては，大学難易度が影響していたことを示し，「選抜度の高い大学が大企業や官庁に有利という構造は時期を問わず安定的だと考えられる」（p. 77）という見解を示した。このように，大学難易度によって選択できる就職先は異なることが想定されるため，本章では大学ランクもモデルに加えた。

以下，本分析の基本統計については表1に記した。

加えて，きょうだい出生順という家族における構造的側面だけでなく，親子の関係性という相互作用的側面も考慮した。親子間で次のようなことがどのくらい行われているかに関して，8項目を設け，4件法で回答を依頼した（1＝まったくない，2＝あまりない，3＝時々ある，4＝よくある）。

具体的には，A「就職活動について相談する」，B「自己分析を進めるため

表1　各変数の記述統計値

	平均値	標準偏差	範囲
地域移動（残留傾向）	0.700	0.460	0–1
性別	0.310	0.462	0–1
きょうだい出生順			
長子・一人っ子	0.570	0.494	0–1
3大都市圏	0.560	0.497	0–1
銘柄大学	0.420	0.493	0–1

注）きょうだい出生順のダミーカテゴリーは「中間子・末子」。

に話を聞く」，C「両親や保護者の仕事の内容について話をする」，D「将来自分がやってみたい仕事について話をする」，E「こういう仕事に就いてほしいという話をされる」，F「就職活動について，プレッシャーをかけられる」，G「就職のことは口出しされない」，H「自分の就職活動のやり方を信じてくれている」だった[9]。これら8項目を用いて因子分析を行った結果（最尤法，バリマックス回転），「相談関係」「干渉関係」「信頼関係」という3つが抽出された（表2）。以下の分析では因子得点を用いることにする[10]。

以上を図示すると図1のような分析モデルになる。

④分析手法

分析手法はロジスティック重回帰分析である。男女で傾向性に違いが生じることを考慮し，男女別に分析を行った上で，結果を表3（男子）と表4（女子）に示した。

表2　親子の関係性の因子分析結果

Variable	相談関係	干渉関係	信頼関係
就職活動について相談する	0.809	0.193	0.292
自己分析を進めるために話を聞く	0.700	0.160	0.268
ご両親や保護者の仕事の内容について話をする	0.586	0.152	0.221
将来自分がやってみたい仕事について話をする	0.689	0.131	0.384
こういう仕事に就いてほしいという話をされる	0.215	0.698	−0.150
就職活動について，プレッシャーをかけられる	0.065	0.732	−0.415
就職のことは口出ししない	−0.204	−0.579	0.338
自分の就職活動のやり方を信じてくれている	0.353	−0.312	0.745
固有値	2.711	2.010	0.716
累積寄与率	27.730	46.721	49.763

150　　第Ⅱ部　家族・きょうだい・地元編

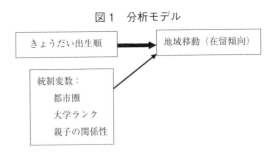

図1 分析モデル

4 分析結果

(1) モデル①

表3（男子）と表4（女子）の分析結果についてそれぞれモデル①から③まで順にみていく。モデル①はきょうだい構成のみを，モデル②と③はその他の統制変数を分析モデルに入れた（②は出身地と大学を，③は親子の関係性を投入した）。

まずモデル①において，男子の出生順は有意ではなかった。現在の青年男子にとって出生順は地域移動の選択に関係性がなかったと解釈できる。しかし女子は，中間子・末子と比べて，長子と一人っ子は有意に残留する傾向を示した。

表3 男子：青年期の残留傾向に関するロジスティック重回帰分析

	モデル①	モデル②	モデル③
きょうだい構成			
長子・一人っ子	.103(1.109)	-.078(.925)	-.077(.926)
3人都市圏	-----	1.860(6.423)***	1.860(6.421)***
銘柄大学	-----	-.597(.556)***	-.579(.560)***
相談関係	-----	-----	.233(1.262)
干渉関係	-----	-----	-.131(.877)
信頼関係	-----	-----	-.157(.855)
定数	.685(1.984)***	.137(1.147)	.160(1.173)
Nagelkerke^2	.001	.233	.237

注）***$p<.001$，**$p<.01$，*$p<.05$。「きょうだい構成」は中間子・末子＝0，「3大都市圏」はそれ以外の地域＝0，「銘柄大学」はそれ以外の大学＝0。カッコ内はオッズ比。

表 4　女子：青年期の残留傾向に関するロジスティック重回帰分析

	モデル①	モデル②	モデル③
きょうだい構成			
長子・一人っ子	.213(1.237)*	.253(1.288)*	.267(1.306)*
3大都市圏	-----	2.190(8.931)***	2.188(8.913)***
銘柄大学	-----	-.117(.890)	-.093(.911)
相談関係	-----	-----	.150(1.162)
干渉関係	-----	-----	-.085(.918)
信頼関係	-----	-----	-.327(.721)**
定数	.741(2.097)***	-.204(.815)*	-.217(.805)*
Nagelkerke^2	.003	.277	.283

注）***p<.001，**p<.01，*p<.05。「きょうだい構成」は中間子・末子＝0，「3大都市圏」はそれ以外の地域＝0，「銘柄大学」はそれ以外の大学＝0。カッコ内はオッズ比。

(2) モデル②

　3大都市圏と大学ランクで統制すると，男子の傾向にモデル①との大きな変化はなく，また女子の場合も，モデル①同様に出生順が有意であった。つまり長子と一人っ子の女子は，中間子・末子より残留する傾向にあった。

　なお大学ランクは，男子は移動／残留の傾向と関係していたが，女子は有意な関係がみられなかった。つまり，むしろ女子の傾向を説明するには，大学ランクよりも出生順が有効であった。だが，男子においては出生順よりも大学ランクが，説明力があった（例えば，ランクの高い大学に進んだ人は，出生順に関係なく就職時に地域移動をする傾向にあることが想定される。これはおそらく，就職先の幅が広がり，選択肢が地理的に広くなること，もしくは進学時にそもそも地域移動を意図した選択をすることなどが反映されたものと考えられる）。

(3) モデル③

　モデル③においても，長子および一人っ子の女子はやはり残留する傾向にあった。モデル②で表れた効果はここでも残った。

　親子の関係性でも統制したが，男子には影響がなく，女子においては信頼関係のみが有意だった。だが総じて男女ともに，きょうだい構成による効果はここで大きく変わらなかった。とりわけ長子と一人っ子の女子が残留する

傾向は，親との相互作用的側面によって左右されないようである。

5　考　察

　前節の分析結果からわかるのは，長男だけが残留する制約を受ける傾向は，現在の若者のキャリアには統計的にみられないことである。つまり長男だからといって伝統的な形での特別な役割は期待されていない。実際，近年の子どもへの教育投資という点でみても，子の出生順や性別による投資額には，長男に偏る傾向がないことが報告されている。例えば中西（2004）は，就学前・小学生・中学生の保護者を対象とした量的分析の結果，1人あたりに費やす教育費に，出生順や性別による有意差がないと論じた[11]。

　前節の分析から，現在，男子ではなく女子に地域移動に制約が課せられているという可能性も指摘された。確かにこの点は先行研究からも示唆的論拠が得られる。例えば施（2006）は，親から既婚の子への援助において，父母ともに娘への援助が近年のコーホートで増加している傾向を示した。1930年代生まれから1970代生まれを対象として各コーホートを比較すると，明らかに最若年層の1970年代生まれの既婚子の親たちが，それ以前の子を持つ親たちと比べて，娘に対して経済的・非経済的に援助を行っていた。また野辺（2003）は，成人子の居住場所に関して，息子と娘の居住場所を比べたとき，統計的に有意な水準で，娘のほうが近居をしている傾向にあると報告した。

　現在の親と成人子において，女子と親のつながりが，男子とのそれより強い可能性があることは晩年のライフプランからも理解される。晩年，自身の介護の担い手になりえるという意味で，女子のほうがつながる可能性は高い。わが国では息子より娘のほうが介護の担い手となっているのは，すでに現実である（e.g. 染谷 2003）。通常時のつながりの濃さについて，女子との関係のほうが日常的な要素が男子より多いことも指摘された（三谷 1991）。

　なお，親子の関係性の質を考慮し，相互作用に関する3つの変数を分析に投入したが，これらによって結果は大きく変わらなかった。親との相互作用

的な関係性よりも，長子あるいは一人っ子の女子という構造（続柄）のほう
が説明力があった。かつて長男が同居し，家督相続した頃とは違うだろうが，
現在は長子および一人っ子の女子がキャリアの制約を受けている可能性があ
る。必ずしも家督相続を期待されるのでないが，日常的な付き合いに基づい
た関係が期待されていると考えられる。

　しかし長子や一人っ子の女子にとってこの現実が，単純にネガティブな意
味ではないことも指摘しておきたい。現代の長子・一人っ子の女子には残留
することの肯定的意味も見出される。例えば親からの日常的サポートの享受，
育児における負担の軽減，家産の継承などについて，成人女子は親からのサ
ポートを受けている実態を報告する研究もある（e.g. 白波瀬 2005）[12]。かつ
て Litwak（1960）が「修正拡大家族（modified extended family）」の議論で
指摘したように，同居でなくとも親との関係性を維持することが現代は十分
に可能であり，同居に準じた居住形態（近居）という選択が親子双方にとっ
て適切なケースもある。

　なお，きょうだいに関する研究はわが国だけでなく，欧米でもいまだ発展
の余地を残した領域である。とくに実証データからの知見が少ない。なかで
も既存研究を網羅的に整理した研究によれば（Steelman, et. al, 2002），特定
の地域におけるデータ分析から報告されたきょうだいの研究は存在するが，
普遍的な知見に至りにくい。しかし，本章で分析したのは全国データであっ
た。この点は本研究の意義といえる[13]。

　本章によれば，きょうだい出生順は若者のキャリア選択を左右する“見え
ない要因”となりうる。自由な地域移動に対して，かつての長男の制約は薄
れているが，その代わり，すべての家庭でみられるのではないにせよ，長子
や一人っ子の女子たちが就職時に制約を受けている可能性がある。たとえ進
学で一度離れても，就職で戻ってくることを余儀なくされるケースもあるだ
ろう。こうした知見を吟味することによって，われわれは実践的教訓を得ら
れるはずである。例えば，若者を対象としたキャリアカウンセリングや就
職・進学指導の現場で，担当者たちがきょうだい出生順を念頭に置きつつ
キャリア支援を行うことには一定の意義がある。あるいは政策の立案・改
正・実行等において，若者の実情を，当人たちの置かれた状況にできるだけ

154　　第Ⅱ部　家族・きょうだい・地元編

寄り添って進展させることは，より持続的な地方創生につながる。大都市に
おける若者に関しても，長子や一人っ子の女子のキャリアをいかに政策的に
支援していくか，今後の課題である。一定数の長子や一人っ子の女子が地域
移動に制約を受ける可能性は，当人らの職業プランだけでなく，親世代に対
するケアへの配慮等，私的背景を理解した上での多面的な支援が必要である
ことを示唆する。この点を踏まえ，今後いかに若者とりわけ長子や一人っ子
の女子を，地域・学校・行政等が支援し，地域の持続性につなげるか，いま
だ議論の余地がある[14]。きょうだい出生順という生得的属性は現在も若者
たちのキャリア選択を左右する可能性があることを，われわれはあらためて
認識しておきたい。

6　結　語

　本章では，量的調査をもとに現在の日本の若者のキャリア選択の実態を検
証した。その結果，伝統的に日本社会に浸透していた長男への制約は自明で
ないことが確認された。むしろ地域移動に関する制約を有しているのは，長
子あるいは一人っ子の女子である傾向が無視できないことを指摘した。
　ところで，家族や生得的属性という観点から地域移動の新たな制約を明ら
かにすることで，地方創生などの人の地域移動を促す政策との関連に再考を
促せると考えられる。人口減少社会の中，確かに地域は人材を求めているが，
制約を踏まえた個人のキャリア支援がなければ，地域と人の持続的なマッチ
ングは成功せず，特定の属性（ここでは長女）の人材が地方に集中するとい
う偏りを，政策が加速してしまうことが予測される。本章の分析結果が議論
のたたき台になれば幸いである。

注
1)　大学進学時における地域移動の選択肢は，より期間限定的であり，就職時に地元に戻る可
　　能性があるため，より長期的・持続的なキャリア選択として，本章では就職時を分析対象に
　　した。

2) 坪内（2001）は武士における継承の実態を17～18世紀の歴史的系譜資料から分析した。竹内（2001）は町人や農民も含めて，長男の単独相続が一般的だったと論じた。

3) これらの地域性を加味した分析は重要である。今後の課題としたい。

4) 澤口・嶋崎（2004）は，1998年に調査された全国データを用いて量的分析を行った。その結果，戦後1970年までに出生した男女において，長男子の離家年齢が有意に遅い傾向性を報告した。また大友（1993）は，長男が後継ぎになる割合は，他のきょうだいが後継ぎになる割合よりも高いことを，1981年および1992年の調査結果から示した。

5) 性別の回答者数に偏りがあるが，結果として生じたものであり，意図的に女子に多く配布したわけではない。また本章の分析は男女別に行ったため，性別の回答者数の差異は本質的な問題ではない。

6) 3大都市圏内は交通網の発達もあり，日常的に他県への移動がしやすいことが考えられる（例：埼玉の学生が東京で就職を希望）。そのため，3大都市圏内の移動は地元を離れるとはみなさなかった。なお政府による近年の重要な議論の1つに，新規学卒者の県内就職の割合を高めることがあるが（「まち・ひと・しごと創生総合戦略2016」p. 59），そこでは同県内に就職するか否かが，やはり重要な指標となっている。

7) 男女別の記述統計は次の通りである（前者が男子，後者が女子，カッコ内は標準偏差）。地域移動（残留傾向）.68(.468), .70(.456)，長子・一人っ子 .59(.492), .57(.494)，3大都市圏 .57 (.495), .55(.498)，銘柄大学 .46(.498), .40(.491)。

8) 国公立大学すべて，および私立大学は関東がGMARCHクラス以上，関西は関関同立を銘柄大学とした。柿澤・田澤・梅崎（2013）による分類の仕方を参考にした。

9) これら8項目は，先行研究を踏まえて筆者らが独自に作成した。就職活動における親子の関係性として，既存尺度に適当なものが特定できなかったため，筆者らが検討・作成した。

10) 因子得点を用いて分析を行ったため，信頼性 α 係数は算出しない。なお，本章で使用した変数以外にも，例えば「家業の後継必要性」など，統制変数として一定の意義を有する可能性のあるものはある。調査項目になかったため本章で分析できないが，今後の課題としたい。

11) 中西（2004）は大学生とその親を対象とした分析ではないが，しかし教育投資というのは幼少時からの積み重ねであるため，幼少時から中学生までの傾向性は単なる過去の参考的指標ではなく，注目に値する側面である。

12) ただし，そうした研究では出生順が論点になっていない。

13) なお本章では下のきょうだいの性別を考慮した分析をしなかった。また本章で地域移動として検証したのは態度であり行動ではなかった。今後の課題としたい。

14) 地域移動の問題は，本章で論じた流出側の問題だけでなく，受け入れ側の問題もある。特に東京都のような大都市では，受け入れ側の問題のほうが密接に政策課題に関係してくる。地域移動における流出元と流入先の両側面を視野に入れた分析については，今後の課題としたい。

引用文献

林絵美子・梅崎修・田澤実（2011）「新規大卒就職活動における地域別比較」『サステイナビリティ研究』2: 95-115頁（「第5章　就活の都市・地方比較」，平尾智隆・梅崎修・松繁寿和編著（2013）『教育効果の実証——キャリア形成における有効性』日本評論社，83-109頁）

平沢和司（2010）「大卒就職機会に関する諸仮説の検討」，苅谷剛彦・本田由紀編『大卒就職の社会学——データからみる変化』東京大学出版会，61-86頁

柿澤寿信・田澤実・梅崎修（2013）「SNSは就職活動の効果的ツールか？」『キャリアデザイン

研究』9: 181-189 頁（本書　第 3 章）

蓑輪明子（2008）「1920 年代の『家』制度改正論――臨時法制審議会の民法改正構想を素材に」『一橋社会科学』5: 85-111 頁

三谷鉄夫（1991）「都市における親子同・別居と親族関係の日本的特質」『家族社会学研究』3: 41-49 頁

光吉利之他編（1986）『日本の社会学　3 伝統家族』東京大学出版会

森岡清美（1993）『シリーズ現代社会と家族　2 現代家族変動論』ミネルヴァ書房

中西祐子（2004）「『愛情』家族の教育戦略――教育投資，愛情投資に対する性・出生順位の影響について」『年報社会学論集』17: 60-71 頁

内藤莞爾（1974）「末子相続慣行とその意義」，青山道夫他編『講座家族　5 相続と継承』弘文堂, 336-348 頁

Litwak, E.（1960）"Geographic mobility and extended family cohesion," *American Sociological Review*, 25(3): 385-394.

野辺正雄（2003）「地方小都市の高齢女性と別居子の関係」『ソシオロジ』47(3): 55-69 頁

野々山久也（2007）『現代家族のパラダイム革新――直系制家族・夫婦制家族から合意制家族へ』東京大学出版会

大友由紀子（1993）「直系制家族における家族構成の変化と世代の更新」，森岡清美監修『家族社会学の展開』培風館, 99-121 頁

佐藤香（2004）『社会移動の歴史社会学――生業・職業・学校』東洋館出版社

佐藤友光子（1996）「出生順位とライフコース――成人期への移行過程にみられる長男と次三男の差異」『基礎科学論集――教養課程紀要』14: 87-100 頁

澤口恵一・嶋﨑尚子（2004）「成人期への移行過程の変動――学校・職業・家族の共時性」，渡辺秀樹他編『現代家族の構造と変容』東京大学出版会, 99-120 頁

施利平（2006）「世代間関係における非対称性の再考――日本の親子関係は双系制になったか？」，澤口恵一・神原文子編『第 2 回家族についての全国調査（NFRJ 03）第 2 次報告書 No. 2』日本家族社会学会全国家族調査委員会, 101-113 頁

白波瀬佐和子（2005）『少子高齢社会のみえない格差』東京大学出版会

染谷淑子（2003）「社会変動と日本の家族――老親扶養の社会化と親子関係」『家族社会学研究』14(2): 105-114 頁

Steelman, L.C., Powell, B., Werum, R. and Carter, S.（2002）"Reconsidering the effects of sibling configuration: Recent advances and challenges," *Annual Review of Sociology*, 28: 243-269.

竹内利美（1974）「長子相続慣行とその意義」，青山道夫他編『講座家族　5 相続と継承』弘文堂, 320-335 頁

玉城肇（1974）「明治民法制定以後の家族」，青山道夫他編『講座家族　1 家族の歴史』弘文堂, 230-246 頁

坪内玲子（2001）『継承の人口社会学――誰が「家」を継いだか』ミネルヴァ書房

第 10 章

結婚観が方向づける学生の就職活動

1 問題の所在

　本章の目的は，大学生を対象とした 2 時点の web アンケートを使って大学生がどのような結婚観（ただし，本研究で扱うのは，結婚後の世帯収入の役割の希望）を持っているかについて，男女の違いに焦点を当てながら分析し，その上で結婚観の違いが就職活動にどのような影響を与えるのかを検証することである。

　これまで結婚観については，性別役割分業の研究として発展してきた。「夫は仕事，妻は家庭」という性別役割分業は，近代家族を特徴づける主要な性格の一つと捉えられてきた（落合 1994）。性別役割分業意識にはさまざまな尺度が存在するが，その代表として「男性は外で働き，女性は家庭を守るべきである」という質問項目があげられる。この質問は，大学生を対象とした場合，賛成の者は，将来的に一人稼ぎの世帯を，反対の者は，主に共働きの世帯を希望していると考えられる。

　内閣府（2016）によれば，高度成長期に増加した「男性雇用者と無業の妻から成る世帯」，つまり世帯収入を一人の所得のみに依存する世帯は減少し続けて，現在では「雇用者の共働き世帯」が増え続けている。このような変化を踏まえると，大学生の結婚観も共働き世帯希望へ変化しているとも予測されるが，その一方で若者が専業主婦世帯の希望を持っているという指摘もある（山田 2015）。

　本章では，このような卒業前の結婚観が就職活動にも影響を与えると考える。多くの大学生にとって就職という職業選択の後に結婚という選択はあるが，彼ら彼女らは将来の結婚を想定しながら就職先を選択している可能性が

159

高い。例えば，自分の一人稼ぎ（結婚相手の無業）を希望するからこそ，一定以上の収入が見込める業界を希望するといえる。一方，結婚後に結婚相手の一人稼ぎを希望するために，賃金水準だけに拘らない就職活動をすることなどが考えられる。

　これまで，ジェンダーに関する研究は女性に焦点が当てられることが多かった（柏木2008）。学生の分析も，女子学生に関心が集中し，キャリア支援の対象とされてきた（神林2000；城島他2012；齊藤・白河2014）。特に母親世代と娘世代との雇用変化を指摘しつつ，世代間の意識の違いが生み出す問題が指摘されていた（児美川2013）。しかし，学生が結婚後にどのように世帯収入の役割を希望するのかという点と就職活動そのものとの関連は分析されることがなかった。

　以上のことから，本章では，結婚観と就職活動という視点から分析を行う。まず，男女間の結婚観の相違を把握し，その上で結婚観と就職活動結果の関係を分析する。さらに，その分析結果を踏まえて，大学生の結婚観の変化（および未変化）の理由を議論する。

2　先行研究

　結婚観に関しては，学際的な研究領域であり，先行研究も多い。そこで本節では，はじめに結婚観に関連する先行研究を整理し，本研究の位置づけを明確にする。

(1) 結婚観の質問項目

　本章が着目する結婚観は，大学生の世帯収入の役割の希望である。関連する関心は心理学や社会学の領域において検討されている。

　心理学では，男女にそれぞれ相応しいとみなされる行動やパーソナリティに関する社会的期待・規範およびそれらに基づく行動のことを性役割と呼ぶ（東・鈴木1991）。男女は自己の性に沿った性役割を担うべきと考えるか否かという点から性役割に対する態度（以下，用語は文献によって多少異なる

160　第Ⅱ部　家族・きょうだい・地元編

が，本章では性別役割分業意識に統一する）が測定されている。

　性別役割分業意識を測る尺度として，わが国でよく用いられているのが鈴木（1994）による平等主義的性役割態度スケール短縮版（SESRA-S）である。この尺度は，「男は仕事，女は家庭」に代表される性別役割分業に対して，否定的態度（平等主義的性役割態度）を有する程度を測定する尺度である。実際の項目は，「家事は男女の共同作業となるべきである」「女性はこどもが生まれても，仕事を続けたほうがよい」など15項目であり，1因子構造とされている。

　一方，社会学の分野でも，中澤（2007）は，性別役割分業意識について「男性の仕事は収入を得ること，女性の仕事は家庭と家族の面倒をみることだ」という質問項目を用いている。そして，日本人男性の場合，学歴が高いこと，また，母親が専門・管理職であることは，性別役割分業意識に否定的になることにつながることを明らかにした。

　また，嶋﨑（2006）は，性別役割分業意識を「男性は外で働き，女性は家庭を守るべきである」などの3項目を用いた。そして，高齢者の親の扶養に関して伝統的な価値志向が高いこと，共働きであること，妻が常勤で勤務していることが，性別役割分業意識に負の影響を与えていることを明らかにした。

　これらの質問は，意識や価値観の尺度なので，本章のように世帯収入の役割を直接聞いた質問とは異なる。ただし，ほとんどの大学生は未婚なので，希望として結婚後の世帯収入の役割を考えており，仕事と家庭に対する性別役割分業意識を反映しているといえよう。学生に限定すれば，直接的にイメージできる所得分担を質問するほうが，将来を想像しやすく，本心を聞きやすいと言えるかもしれない。結婚が身近でなければ，本人の選択ではなく，社会一般的な価値観として回答する可能性がある。

　上記で示してきた先行研究が狭義の性別役割分業意識に関する質問項目を扱ってきたと考えると，その他に，より広義の性別役割分業意識を多次元な心理尺度で検討した研究もある。たとえば，中井（2000）は，性役割観を「性別役割分業観」「社会進出志向」「女性性価値内面化」の3次元で捉えた。そして，女性の社会進出をより進めていくべきであると考える女子学生ほど

職業志向のライフコースを持つ傾向にあること，職業志向のライフコースを持つ女子学生ほど配偶者からの仕事に関する理解や協力を重視する傾向にあることを明らかにした。

また，西村（2001）は，性別分業意識を「狭義の性別分業意識」「愛情規範」「「よい子育て」意識」の 3 次元で捉えた。そして，女性の経済力が高いことが，性別役割分業意識に負の影響を与えることを明らかにした。

さらに山田（2012）は，性役割分業について 6 つの考え方（例：「妻の収入が夫より多いのでは，男として不甲斐ない」）を示した。これらの質問のうち，「夫は外で働き，妻は家を守るべきである」は既婚者の賛成率が最も高いが，年収が低い若年層ではその関係が逆転していることを示した。

最後にこれら先行研究のまとめを表 1 に示す。

表 1　性別役割分業に関連した先行研究

著者	概念	下位構造など	項目例
鈴木 （1994）	平等主義的 性役割態度	※1 因子構造	「家事は男女の共同作業となるべきである」など 15 項目
中井 （2000）	性役割観	・性別役割分業観 ・社会進出志向 ・女性性価値内面化	「女性は仕事よりも家庭を優先した方がよい」など 4 項目 「女性の社長や政治家がもっと増えたほうがよい」など 2 項目 「頭の良い女性であると思われたくない」など 3 項目
西村 （2001）	性別分業 意識	・狭義の性別分業 意識 ・愛情規範 ・「よい子育て」 意識	「男性は外で働き，女性は家庭を守るべきである」など 4 項目 「家族の食事は愛情をこめてつくるべきである」など 4 項目 「子どもは母親の愛情がなければうまく育たない」など 4 項目
中澤 （2007）	性役割意識	※右記の 1 項目で 測定	「男性の仕事は収入を得ること，女性の仕事は家庭と家 族の面倒をみることだ」
嶋﨑 （2006）	性別役割 分業意識	※右記の 3 項目を 集約	「男性は外で働き，女性は家庭を守るべきである」 「子どもが 3 歳くらいまでは，母親は仕事を持たずに育 児に専念すべきだ」 「家族を（経済的に）養うのは男性の役割だ」
山田 （2012）	性役割分業	※右記の 6 項目	「夫婦や家族のありかたにかんする，次の(a)～(f)のような考え方について，あなたはどう思われますか。あなたの考えに近いものを選んでください。」 （a）妻の収入が夫より多いのでは，男として不甲斐ない （b）家庭のこまごました管理は女性でなくてはと思う （c）女性は最終的には自分の考え方に従って欲しい （d）人前では，妻は夫をたてるべきだ （e）夫は外で働き，妻は家を守るべきである （f）夫は妻子を養えなくなったら，離婚されてもしかたがない

(2) 結婚観を決定する要因

これら複数の質問項目によって測られている結婚観や性別役割分業意識の決定する要因についてはさまざまな研究があるが，大きく二種類に分けられる。第一に，経済環境が反映されるという考えと，第二に現在の経済環境だけでなく社会意識自体が生育環境や文化・伝統などの中で構成されるという考えである。

前者では，現在，厳しい雇用環境から共働きを選んでいる社会人が多ければ，大学生もまたそのような経済状況を予期して共稼ぎ，もしくは所得の高い相手の結婚を希望すると考える。すなわち，結婚観，特に世帯収入の役割の分担は，将来の予測を含んだ合理的選択といえよう。実際に男性社会人の性別役割分業意識を分析した目黒・矢澤・岡本（2012）によれば，90年代以降の雇用不安が稼ぎ手役割の喪失をもたらし，アイデンティティの拡散が起こったことが多角的に分析されている。

後者の研究として山田（2012）は，男性が恋人を持つためには年収は関係ないが，結婚するためには経済力が前提となることを確認している[1]。つまり，男性が（に）稼ぎ手になる（になってもらう）意識がなくなったわけではないという指摘である。また大槻（2012）は，転職・離職経験は男性自身の稼ぎ手役割意識には影響を与えないことを指摘している。つまり，性別役割分業意識は文化・伝統に基づく価値規範を内在化しているので，現在の経済環境の影響を受けるかもしれないが，すぐには変容しない。吉川（1998）は，性別役割分業意識の決定要因として世帯収入（家計補助）をあげつつも，学歴（教育）によって意識が変わる効果や伝統的・因習的価値志向の影響も指摘している。

以上，先行研究を整理すると，経済環境の要因を重視する研究と文化・伝統の要因を重視する研究があった。分析結果の解釈にあたっては，どちらか一方だけの要因ではなく，それぞれの要因に留意すべきであろう。

(3) 就職活動への影響

従来の研究では，まず，大学生の結婚観の調査が少なく，さらにその結婚観と就職活動の関連性が分析されることはほとんどない。女子学生に関して

は，結婚展望や進路展望の関連性を分析した研究は多いが（e.g. 中西 1998），彼女たちの就職活動までは分析されていない。

　就職活動を行う大学生たちにとって結婚への希望は考慮すべき重要な要素である。将来の結婚を予期し，就職希望企業・業界や雇用形態（一般職，エリア総合職，総合職）を選択していることが推測される。つまり，就職希望企業・業界や応募する求人枠が異なれば，それが就職活動の結果にも影響を与えると考えられる。また，企業側から見れば，どのような結婚観を持っているかが選抜基準とも関係する可能性もある。すなわち，まず結婚観は就職活動の希望先選択に影響を与え，そのうえで選抜過程にも影響を与えていると考えられる。本章では，これまで分析されなかった結婚観と就職活動について分析し，新しい事実を発見し，その解釈を行いたい。

3　分析に使用するデータ

　本節では，分析で使用するデータを説明する。本データは，株式会社マイナビ（以下，マイナビ）の大学生向け就職情報サイトに登録している大学生（2015 年 3 月卒業予定者）を対象に実施された 2 時点の web アンケートである。1 回目は 2013 年 12 月（3 年次時点）に実施された大学 3 年生向けの調査であり，2 回目は 2014 年 4 月末現在で内々定を獲得しているか否かについて調べた。2 つのアンケート調査のデータは ID 情報によって結合した。調査内容は，結婚後の働き方や出身大学，内定獲得数，内定先満足度など多岐にわたる。

　本章で用いる質問項目は，まず，大学分類（国公立，有名私大，その他私大）である[2]。これは，選抜度の高い大学が大企業に有利という構造は昔も今も変わらないという指摘（平沢 2010）を考慮したためである。また，内定状況については，内定を獲得した場合を 1，それ以外を 0 とする内定ダミー，学生の内定先企業が 1000 人以上の場合を 1，1000 未満の場合を 0 とする大企業ダミー，内定先に「十分満足している」，「ある程度満足している」と回答した場合を 1，「どちらとも言えない」，「あまり満足していない」，

「まったく満足していない」と回答した場合を0とする内定先満足度ダミー変数がある。また，結婚後の働き方について，「夫婦共働きが望ましい」と回答した場合を1，「主に自分の収入のみで生活するのが望ましい」または「主に相手の収入のみで生活するのが望ましい」と回答した場合を0とする結婚観ダミー変数がある。記述統計は表2に示した通りである。

表2　本研究で用いた変数の平均等

	全体		男子		女子	
	平均	標準偏差	平均	標準偏差	平均	標準偏差
内定	0.438	0.496	0.513	0.500	0.391	0.488
夫婦共働きが望ましい	0.692	0.462	0.575	0.495	0.765	0.424
男性ダミー	0.383	0.486				
国立	0.352	0.478	0.414	0.493	0.313	0.464
有名私大	0.149	0.356	0.175	0.380	0.133	0.340
その他私大	0.499	0.500	0.411	0.492	0.554	0.497
大企業に内定	0.485	0.500	0.568	0.496	0.417	0.494
内定先満足	0.807	0.395	0.836	0.371	0.783	0.413
観測数	1482		567		915	

注1）大企業に内定と内定先満足は，637サンプル（男性：287，女性：350）の記述統計。

4　性別で見た結婚に対する希望

(1) 結婚観の男女差

　本節では，はじめに性別間で結婚観にどのような違いがあるかを把握する。まず，質問項目を確認すると，結婚後の世帯役割の希望について，「主に相手の収入のみで生活するのが望ましい」「主に自分の収入のみで生活するのが望ましい」「共働きが望ましい」の三つの選択肢で質問している。

　続いて，世帯収入の役割の希望について男女別にその割合を把握する（表3）。まず，男女ともに共働きを希望している学生が多いが，男子学生（54.6％）よりも女子学生（75.9％）のほうが共働きを希望していた。一方，女子学生（22.7％）よりも男子学生（44.4％）のほうが男性一人稼ぎ・女性専業主婦世帯を希望していた。男子学生は，女子学生よりも保守的な結婚観を

表3　結婚観の男女差

	男子		女子	
	人数	割合(%)	人数	割合(%)
夫婦共働きが望ましい	1,097	54.6	2,775	75.9
主に自分の収入のみで生活するのが望ましい	891	44.4	52	1.4
主に相手の収入のみで生活するのが望ましい	20	1.0	828	22.7
合計	2,008	100	3,655	100

持っていると解釈できる。

　このまま結婚観を変更しなければ，結婚を前提とした恋人同士には結婚観の摩擦が生まれる可能性が高まると推測される。つまり，男性が主に自分の稼ぎにより配偶者を養いたいと思っていても，それを希望する女性は相対的には少ないのである。もちろん，この調査は，あくまでも大学生の希望である。実際に結婚を前にした場合，その後，一人稼ぎ専業主婦世帯希望の男性が共働き希望に変わる，もしくは共働き希望の女性が専業主婦希望に変わる二つの可能性が想定される。

　なお，女子学生のほうが共働き世帯の希望が多い一つの解釈として，平均の初婚年齢も低く，育児などを身近な将来のライフイベントと見なしていることが考えられる。すなわち，一般的に大学生は，将来の雇用環境や所得，さらに家計出費などについて具体的に予測できていないが，どちらかと言えば，女子学生のほうが男子学生よりライフイベントが近いので，世帯所得などの現実的側面を考慮していると解釈できる。さらに男子学生に比べると，女子学生のほうがキャリア教育の中でも世帯所得に関する厳しい社会環境，つまり多くの家庭では共稼ぎでないと家計出費が担えないという現実が伝えられている（齊藤・白河 2014）。

（2）結婚観を選択した理由の男女差

　仮に結婚後の世帯役割の希望が同じタイプであったとしても，男女の意識は異なる可能性がある。そこでまず，「夫婦共働きが望ましい」と回答した学生の共働きを選択した理由を表4に示す。男子学生の場合，「結婚相手が仕事続けたいならその意識を尊重したいので」が31.3%と最も多いが，女

子学生の場合,「仕事を続けることが生きがいになると思うから」が23.1%
で最も多い。女子学生が仕事自体にやりがいを見出しているのに対して,男
子学生は相手の都合に合わせるという意見が強く,両者には意識のズレがあ
るといえる。

　次に,男子学生が「主に自分の収入のみで生活するのが望ましい」を選ん
だ理由（表5）と,女子学生が「主に相手の収入のみで生活するのが望まし
い」を選んだ理由（表6）を比べる。男子学生は,「結婚相手には家を守っ
て自分や家族を支えてほしい」（34.3%）が多かった。男子学生は,「家を支
える」という保守的な結婚観を相手の女性に期待している者が多いことがわ
かる。しかしながら,女子学生は,「家事や子育てに専念したい（52.8%）」
が最も多かったが,「家を守って家族を支えたい」（13.2%）はそれほど多く

表4　共働き選択理由

	男子		女子	
	人数	割合(%)	人数	割合(%)
結婚相手が仕事を続けたいならその意思を尊重したいので	343	31.3	78	2.8
一方の収入だけでは生活できないから	181	16.5	511	18.4
それぞれ自分の仕事を持っていることが自然だと思うから	173	15.8	383	13.8
仕事を続けることが生きがいになると思うから	112	10.2	640	23.1
親が共働きだったので自分もそうしたいと思ったから	98	8.9	190	6.9
仕事でキャリアを積みたい（出世したい）から	86	7.8	348	12.5
自分が自由に使えるお金をある程度持っていたいから	66	6.0	383	13.8
家庭に入ったあと社会との接点がなくなるのが不安だったから	26	2.4	186	6.7
その他	12	1.1	56	2.0
合計	1,097	100	2,775	100

表5　「自分の収入のみ」希望の選択理由（男性）

	人数	割合(%)
結婚相手には家を守って自分や家族を支えてほしい	306	34.3
結婚相手には家事や子育てに専念してほしい	274	30.8
仕事が終わって家に帰ったら誰かに待っていてほしいから	186	20.9
親が共働きではなかったので自分もそうしたいと思うから	42	4.7
親が共働きだったので自分はそうしたくないと思うから	33	3.7
自分が家族を養っているということに誇りを持ちたいから	30	3.4
その他	20	2.2
合計	891	100

表6 「相手の収入のみ」希望の選択理由（女性）

	人数	割合(%)
家事や子育てに専念したい	437	52.8
親が共働きではなかったので自分もそうしたいと思うから	133	16.1
家を守って家族を支えたい	109	13.2
結婚しても仕事を続けたいという意欲がないから	63	7.6
親が共働きだったので自分はそうしたくないと思うから	38	4.6
結婚したらやりたいことがあるから（趣味や起業など）	38	4.6
その他	10	1.2
合計	828	100

なかった。ここにも微細な男女のズレがある。なお，彼女たちは，家事と育児に対する関心が高く，それらを一つのやりがいのある仕事と考えているとも解釈できる。

5 就職活動への影響

　本章では，学生時代の結婚観が就職活動の結果に与える影響を分析するため，学生の内定状況や内定先の企業規模，内定先企業に対する満足度，将来のライフスタイルに関する質問項目を使用した。本研究では，これらの質問項目（内定ダミー，大企業ダミー，内定先満足度ダミー）を被説明変数とするプロビット推定を採用した。

　次に，説明変数として結婚観ダミー変数（「夫婦共働きが望ましい」と回答した場合を1，「主に自分の収入のみで生活するのが望ましい」または「主に相手の収入のみで生活するのが望ましい」と回答した場合を0）を用いた。また，その他私立大学を基準とした国公立大学ダミーと有名私立大学ダミー，男性ダミー（女性基準）も説明変数に加えた。

　続いて，プロビット分析の推定結果を表7に示した。係数だけでなく，説明変数1（単位）あたりの被説明変数の変化量を示す限界効果も示した。男性ダミー，国公立大学ダミー，有名私立大ダミーが有意な正の値である。つまり，一般的に入試が難しい大学に入学すること，男性であることが就職活動に有利であると言える。一方，結婚観は有意な効果を与えていなかった。

表7　就職活動への影響（全体）

	(1) 内定		(2) 大企業に内定		(3) 内定先満足	
	係数	限界効果	係数	限界効果	係数	限界効果
共働き希望ダミー	−0.037 (0.073)	−0.015 (0.029)	0.077 (0.111)	0.031 (0.044)	0.097 (0.127)	0.027 (0.035)
男性ダミー	0.255*** (0.070)	0.101*** (0.028)	0.370*** (0.105)	0.147*** (0.041)	0.184 (0.122)	0.049 (0.032)
国立大ダミー	0.314*** (0.073)	0.124*** (0.029)	0.251** (0.113)	0.100** (0.045)	0.347*** (0.130)	0.091*** (0.033)
有名私大ダミー	0.480*** (0.097)	0.190*** (0.038)	0.368*** (0.139)	0.145*** (0.054)	0.223 (0.158)	0.057 (0.038)
定数項	−0.414*** (0.075)		−0.427*** (0.119)		0.552*** (0.131)	
Pseudo R^2	0.026		0.027		0.018	
観測数	1,482	1,482	637	637	637	637

注）有意水準1%*** 　有意水準5%** 　カッコ内の数値は標準誤差

　ただし，ここではダミー変数として性別や大学が統制されているとはいえ，それぞれの属性集団の中で結婚観が異なる影響を持っており，その結果，結婚観が有意な結果にならない可能性がある。そこで，性別と大学分類別にサンプルをわけて，結婚観（夫婦共働きが望ましいと思うこと）の効果を推定する。男子学生の推定結果を表8に，女子学生の推定結果を表9に示した。

　まず，男子学生の場合，その他私大では，共働きを希望している学生ほど有意に内定を獲得できない傾向にあった。国公立大の男子学生にも同様の傾向が観察されるものの有意な結果ではなかった。一方，国公立大では，男子学生の共働き希望は大企業への内定確率に有意に正の影響を持つことが明らかになった。また，有名私大では，男子学生の共働き希望の限界効果は正であるものの有意ではなかった。有名私大の男子学生の共働き希望については，国公立大の男子学生と同様の傾向が観察されるものの，限界効果は有意ではなかった。その他私大の男子学生の共働き希望は大企業への内定確率に有意ではないものの，限界効果は負の影響を示していた。なお，男子学生において大学分類別に推定結果が異なる事実は新たな発見といえる。就職活動の過程が大学間で異なることが推測される。

　その一方で，女子学生については，どのような推定結果についても共働き希望は有意な影響は見られなかった。男子学生に比べると女子学生は，就職

表 8　就職活動への影響（男性）

説明変数：結婚観（共働き希望ダミー）	国公立大学		有名私大		その他私大	
被説明変数：内定，大企業に内定，内定先満足	係数	限界効果	係数	限界効果	係数	限界効果
内定	-0.143	-0.056	0.349	0.136	-0.287*	-0.113*
	(0.169)	(0.066)	(0.256)	(0.099)	(0.166)	(0.065)
大企業に内定	0.484**	0.181**	0.175	0.066	-0.179	-0.070
	(0.228)	(0.085)	(0.347)	(0.132)	(0.256)	(0.100)
内定先満足	0.286	0.056	0.159	0.039	0.090	0.028
	(0.288)	(0.058)	(0.407)	(0.101)	(0.281)	(0.086)

注）有意水準5%**　有意水準10%*　カッコ内の数値は標準誤差

表 9　就職活動への影響（女性）

説明変数：結婚観（共働き希望ダミー）	国公立大学		有名私大		その他私大	
被説明変数：内定，大企業に内定，内定先満足	係数	限界効果	係数	限界効果	係数	限界効果
内定	0.007	0.003	0.034	0.014	0.040	0.015
	(0.195)	(0.077)	(0.278)	(0.110)	(0.130)	(0.047)
大企業に内定	-0.236	-0.092	0.024	0.009	0.022	0.009
	(0.302)	(0.119)	(0.377)	(0.150)	(0.224)	(0.086)
内定先満足	0.046	0.012	-0.253	-0.065	0.077	0.025
	(0.347)	(0.094)	(0.458)	(0.109)	(0.238)	(0.078)

注）カッコ内の数値は標準誤差

希望も総合職，エリア総合職，および一般職で希望が大きく分かれるので，就職活動の結果を内定有無や内定先規模で一律に分析すると，結果が不明確になると考えられる。内定後の雇用区分を考慮した分析は今後の課題である。

6　結　語

　本章の分析結果をまとめると次の2点になる[3]。

　第一に，1990年代前半に，「男性雇用者と無業の妻から成る世帯」数を「雇用者の共働き世帯」数が逆転していること（内閣府『男女共同参画白書』（平成27年版））を考えると，大学生の意識も徐々に「共働き世帯」の希望が増えていると推測された。実際，共稼ぎ世帯の希望は多かった。一方，結

婚観の男女比較をすると、女子学生のほうが男子学生よりも「共働き世帯」を希望しており、男女の差が確認された。また、仮に同じ世帯タイプを希望していても、その世帯を希望する理由にも男女差が存在することを確認した。

第二に、結婚観と就職結果との関係を分析すると、男子学生に関しては、その他私大に限れば、共働きを希望している学生のほうが内定を得にくく、国公立大に限れば共働きを希望している学生のほうが大企業から内定を得ていることが確認された。このような分析結果は、学生側の質的な違いを意味する可能性もある。また、企業規模によって求める人材が異なる可能性も示唆する。

以上が分析結果である、続いてこの結果の解釈を行う。なお、分析結果の解釈には留意すべき点がある。一般的に学生側の意識や行動に影響を与える要因として、経済環境が考えられる。しかし、既婚世帯であれば、雇用条件が厳しくなれば、共働きを選択するという単純な因果関係が想定されるが、大学生の希望は、どのように反応があるかについて曖昧さが残る。

たとえば、なぜ、女子学生よりも男子学生のほうが「一人稼ぎ専業主婦世帯」を希望する傾向にあるのか。これ結果についても複数の要因を考察する必要がある。一つの解釈として、その他私大では「共働き世帯希望」になればなるほど内定を獲得し難くなるという結果は、男子学生が「一人稼ぎ専業主婦世帯」を希望し続ける（＝「伝統的な男らしさ」を保持し続ける）根拠になっている可能性がある。「一人稼ぎ専業主婦世帯」希望の男子学生は、実質上、家計のやりくりを考えると「共働き世帯」の必要性が高まっているとしても、内定獲得という「短期の成功」を得ているので、「一人稼ぎ専業主婦世帯」への希望を変えないのかもしれない。つまり、男子学生に限れば「一人稼ぎ専業主婦世帯」を希望し続ける強い頑健性があると言えよう。

その一方で、国公立大の「共働き世帯」希望者は、大企業により多く内定を獲得していることが確認された。大企業のほうが平均的には安定した雇用慣行を持ち、ワーク・ライフ・バランス支援施策も充実しているので、「長期的なキャリア」の展望は明るいといえる。もしその他大学の内定先は労働条件が低い傾向にある中小企業が多いと考えられるので、仮に「安定的な長期キャリア」を予期できれば、男子学生たちは結婚希望を「共働き世帯」へ

第 10 章　結婚観が方向づける学生の就職活動　*171*

変更するかもしれない。言い換えれば，その他私大の男子学生は，内定という短期のキャリア成功によって将来の予期能力を歪めている。

他方，女子学生は，女性の初婚平均年齢が男性よりも低いことを考慮すれば（夫は 31.1 歳・妻は 29.4 歳，厚生労働省『人口動態統計』，2016 年），結婚や出産を含めた卒業後のキャリアを身近に，かつ具体的に考えていると解釈できる。

以上のような分析結果の解釈は図 1 のようにまとめることができる。その他私大の男子学生は，短期的な予期においては内定獲得という成功を得ているが，大企業内定と大企業内での安定した企業内キャリアを十分に予期できていない可能性がある。それゆえ，男子学生を対象とした結婚，育児，介護に関するキャリア教育の社会的意義は女子学生以上に高まっていると考えられる。もちろん，このような結婚，育児，介護に関するキャリア教育だけで大企業への就職が有利になるとは言えないが，就業後の世帯形成を考えた場合，中小企業で働きながら共働き世帯という現実的な選択肢も学生の側にあった方がよいのかもしれない。

「俺が稼いでやる」と考え，かつ内定獲得に実績がある男性に対して，彼らの成功体験を頭から否定せずに，それでも結婚や育児を踏まえた長期的な

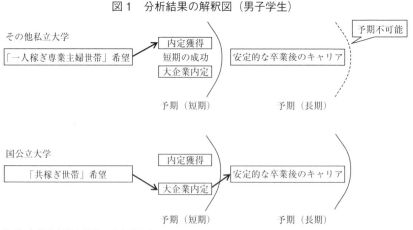

図 1　分析結果の解釈図（男子学生）

注 1）矢印は有意な効果のみを示した。
注 2）予期の範囲を示した曲線は，実線を予期可能，点線を予期不可能とした。

予期につながるキャリア教育を行う必要がある。男子学生にこそ，現実を踏まえた価値観の多様化を促す仕組みが求められているといえよう。

注
1) ただし山田（2012）では，年収が低くても性別役割観が柔軟であるほどパートナー関係を持つ確率は高まることを指摘している。
2) 私立大学は，一つひとつの大学名を確認し，偏差値などを勘案し，カテゴリー分けを行った。具体的には，有名私大のカテゴリーには，学習院大学と東京理科大学，津田塾大学，南山大学，関西大学，関西学院大学，立命館大学，同志社大学，明治大学，法政大学，青山学院大学，立教大学，中央大学，国際基督教大学，上智大学，早稲田大学，慶應義塾大学が含まれる。それ以外の私立大学は，その他私大のカテゴリーに含まれる。
3) なお本分析は，説明変数が1変数のみとなっているため，疑似相関を考慮した分析になっていない可能性がある。今後の課題として，多変量解析を行いたい。

引用文献
東清和・鈴木淳子（1991）「性役割態度研究の展望」『心理学研究』62(4): 270-276頁
落合恵美子（1997）『21世紀家族へ新版』有斐閣選書
大槻奈巳（2012）「雇用不安化のなかの男性の稼ぎ手役割意識」，目黒依子・矢澤澄子・岡本英雄編（2012）『揺らぐ男性のジェンダー意識　仕事・家族・介護』新曜社，40-53頁
柏木惠子（2008）「ジェンダー視点に立つ男性の心理学の課題」，柏木惠子・高橋惠子編『日本の男性の心理学——もう1つのジェンダー問題』有斐閣，1-52頁
神林博史（2000）「日本における性別役割意識の動向と課題」『社会学研究』68: 147-168頁
児美川孝一郎（2013）『「親活」の非ススメ——"親というキャリア"の危うさ』徳間書店
齊藤英和・白河桃子（2014）『「産む」と「働く」の教科書』講談社
嶋﨑尚子（2006）「男性の性別役割分業意識——家族関係・家族経験による形成過程」『National Family Research of Japan 2003 <NFRJ 2003> Research Paper Series』2(1): 125-32頁
城島博宣・白河桃子・幸田達郎・城佳子（2012）「女子大学生の結婚観と職業観の調査」『生活科学研究』34: 150-158頁
鈴木淳子（1994）「平等主義的性役割態度スケール短縮版（SESRA-S）の作成」『心理学研究』65(1): 34-41頁
内閣府（2016）「男女共同参画白書　平成27年版」
中井美樹（2000）「若者の性役割観の構造とライフコース観および結婚観」『立命館産業社会論集』(3): 117-127頁
中澤渉（2007）「性別役割分業意識の日英比較と変動要因——British Household Panel Survey を用いて」東京大学社会科学研究所パネル調査プロジェクトディスカッションペーパーシリーズ No. 3
中西祐子（1998）『ジェンダー・トラック——青年期女性の進路形成と教育組織の社会学』東洋館出版社
西村純子（2001）「性別分業意識の多元性とその規定要因」『年報社会学論集』14: 139-150頁
平沢和司（2010）「大卒就職機会に関する諸仮説の検討」，苅谷剛彦・本田由紀編『大卒就職の

社会学』東京大学出版会，61-85 頁

目黒依子・矢澤澄子・岡本英雄（2012）『揺らぐ男性のジェンダー意識——仕事・家族・介護』新曜社

山田昌弘（2012）「男性のジェンダー意識とパートナー関係」，目黒依子・矢澤澄子・岡本英雄編『揺らぐ男性のジェンダー意識　仕事・家族・介護』新曜社，40-53 頁

——（2015）『なぜ若者は保守化したのか　希望を奪い続ける日本社会の真実』朝日文庫

吉川徹（1998）「性別役割分業意識の形成要因——男女比較を中心に」，尾嶋史章編『ジェンダーと階層意識』1995 SSM 調査研究会，49-70 頁

あとがき

　本書は，法政大学キャリアデザイン学部の教員と株式会社マイナビによる
産学連携調査プロジェクトの研究成果である。プロジェクト開始のきっかけ
は，2011 年に共編著者の梅崎と田澤が，マイナビの栗田卓也氏（現 HR リ
サーチ部　部長）からマイナビ実施の質問票調査をどのように分析すべきか
について相談を受けたことにはじまる。調査についての議論を続けるうちに
一度データを分析してみようということになったのである。

　相談を受けた当時，梅崎と田澤は，『大学生の学びとキャリア——入学前
から卒業後までの継続調査の分析』（法政大学出版局，2013 年）の元になっ
た論文を執筆しながら，今後の研究上の限界も感じていた。この本でわれわ
れは，入学前から卒業後 2 年目までの継続調査を行っていたが，全国調査が
できたのは，たった 2 回に止まり，詳細な調査ができたとはいえ，対象学生
は同じ大学の同じ学部の学生に絞られていた。就職採用に関わる数々の全国
データに関する相談は，われわれにとっても新しい挑戦であった。

　われわれは，分析作業に報酬を求めない代わりに自由にテーマを設定し，
分析させてもらうことを希望した。むろん，テーマが自由と言ってもこちら
から一方的に提示したわけではない。栗田氏をはじめとしたマイナビの方々
は，毎年数回の全国調査を続け，全国の大学キャリアセンターや企業人事部
を回られている実務の専門家である。そのマイナビの方々の現場感覚に基づ
く鋭い指摘や疑問に，われわれ研究者も回答に窮し，何度も腕組みをしなが
ら一緒にテーマを考えることになった。そして，その答えを探しにデータと
向かい合うことになったのである。

　一方，われわれ研究者も，就職活動を分析するために，どのような理論が

あり，分析の精度を上げるにはどのような実証上の戦略が必要になるかをマイナビの方々にぶつけた。当初は，既存のデータの分析に止まっていたが，新しい質問項目の追加や調査方法の改良が行われた。さらに，社内で調査統計の勉強会を実施し，企業の採用担当者を集めた研究会を共同で開催することにもつながっていったのである。

2010年代は就職・採用活動の変革期であった。当初は，リーマンショックの就職活動への影響を検証することが目前の課題であったが，その後は，就職・採用スケジュールの変更が続き，現在に至っている。現実の変化を実証研究で追いかけつつ，その分析結果をもとに就職・採用活動のあり方を議論した。そして，議論の中で次々に新しい問題が発見された。実際，SNS利用，地元意識，親子関係，きょうだい関係，大学の支援などが，次々と新しい分析焦点になっていった。われわれは，探索すること面白さに惹かれて分析に熱中したのである。

就職・採用活動に関心を持っている研究者には，ぜひ本書を批判的に読んでいただければうれしい。また，本書の分析結果が，就職支援や採用活動を行っている実務家の仕事のヒントになれば，さらにうれしい。本稿の分析は，実務の答えを提示するものでもなく，分析手法も専門的かもしれないが，現場の問題意識から発生した研究である。

さて，この本の刊行は，産学連携プロジェクトの終了を意味しない。本書の姉妹編とも言える梅崎修・佐藤一磨・田澤実『学生と企業のマッチング──データに基づく探索』（法政大学出版局）でもマイナビが実施した調査データも使われているし，現在も新調査が実施・計画されている。短期成果が求められる研究環境において，産業連携という形で息の長いプロジェクトを続けられていることは珍しい。「あとがき」を書いている今，われわれは，その成果を少し誇らしく思いながら，これからの研究展望に心躍らせている。

最後に，本書の元になった論文に関しては，次のページに初出一覧（雑誌名とタイトル）を挙げた。10本の論文は，すべて学術雑誌に投稿されたものであり，採択までには，約20名の査読者からさまざまなコメントをいただいた。このコメントで鍛え直されたおかげで論文としての完成度をあげることができた。この場を借りて感謝申し上げたい。また，転載を許可してく

ださった学会および研究雑誌の編集部にも，この場にて感謝を申しげたい。加えて，学術出版の厳しい時代，本書の刊行を決定し，編集を担当していただいた法政大学出版局の郷間雅俊氏にも感謝申し上げる。

　なお，本書の研究には，以下のような多くの助成を得ている。ここに記して感謝を申し上げたい。「法政大学キャリアデザイン学会・研究助成大学生の就職・採用市場に関する実証研究——就職情報会社との産学連携プロジェクト（代表：梅崎修）」，「科学研究費補助金基盤研究（B）学校外教育が学校選択および職業キャリアに及ぼす影響に関する実証分析（代表：松繁寿和）」，「科学研究費補助金基盤研究（C）スキル・ミスマッチの発生と人的資本形成への影響に関する実証研究（代表：平尾智隆）」，「科学研究費補助金若手研究（B）教育過剰が生産性に与える影響の計測（代表：平尾智隆）」，「科学研究費補助金若手研究（B）出産が男性の労働成果に与える影響に関する実証分析（代表：湯川志保）」。

　2018 年 8 月 14 日

梅崎　修・田澤　実
法政大学キャリアデザイン学部

初出一覧

■第Ⅰ部　就職活動支援編

第 1 章　梅崎修・田澤実・林絵美子・児美川孝一郎（2013）「景気変動期にみる大学生の就職意識の変化——「リーマンショック」のインパクトを中心に」『キャリアデザイン研究』9: 191-198 頁

第 2 章　田澤実・梅崎修（2017）「キャリア意識と時間的展望——全国の就職活動生を対象にした自由記述分析」『キャリア教育研究』35: 47-52 頁

第 3 章　柿澤寿信・田澤実・梅崎修（2013）「SNS は就職活動の効果的ツールか？——就職活動生に対するアンケート調査結果の分析」『キャリアデザイン研究』9: 181-189 頁

第 4 章　平尾智隆・梅崎修・田澤実（2017）「教員との関わりが就職決定に与える影響——難関校と非難関校の比較」『高等教育ジャーナル：高等教育と生涯学習』24: 51-61 頁

第 5 章　平尾智隆・梅崎修・田澤実（2015）「大学院卒の就職プレミアム——初職獲得における大学院学歴の効果」『日本労務学会誌』16(1): 21-38 頁

■第Ⅱ部　家族，きょうだい，地元編

第 6 章　斎藤嘉孝・梅崎修・田澤実（2015）「就職活動中の大学生に対する親の関わりが内定獲得に与える影響——家族の“ベース”機能に注目して」『キャリアデザイン研究』11: 97-106 頁

第 7 章　田澤実・梅崎修（2016 年）「保護者のかかわりと大学生のキャリア意識」『キャリア教育研究』35: 21-27 頁

第 8 章　田澤実・梅崎修（2018）「地元志向がキャリア意識および保護者とのかかわりに与える影響——全国の就職活動生を対象にして」『地域イノベーション』12: 105-114 頁

第 9 章　齋藤嘉孝・梅崎修・田澤実（2018）「青年期キャリアの地域移動における，きょうだい出生順による現代的制約——全国大学生対象の計量分析から」『都市社会研究』10: 101-111 頁

第 10 章　湯川志保・梅崎修・田澤実（2017）「大学生の結婚観と就職活動」『キャリアデザイン研究』13: 105-114 頁

索　引

あ 行

IR（Institutional Research）　60
アイデンティティ　29, 163
アウトリーチ方法　71
アクティブ・ラーニング　71
SNS（ソーシャルネットワークサービス）
　　41-50, 52-55
大手企業志向　19, 22
オフィス・アワー　57-58

か 行

学歴インフレ　93
家族機能論　104
家督的制約　146
企業内処遇プレミアム　79
キャリア・アクション・ビジョン・テスト
　　（CAVT）　31, 33, 120, 136-39
キャリア意識　30-31, 33-36, 38-40, 117,
　　119-20, 122, 123, 125, 132, 134, 136-37,
　　139-41
キャリア教育　15-17, 26, 39, 60, 132, 142,
　　166, 172-73
キャリア支援　15-17, 26, 27, 42-43, 71,
　　154-55, 160
きょうだいの出生順　146-49
拠点大学による地方創生推進事業（COC
　　＋）　132
結婚観　159-173
高学歴化　70, 75-76, 78
高学歴代替　78
高度職業人養成　94

子どもの社会化（primary socialization of
　　children）　115
子ども・若者育成支援推進法　17

さ 行

サーチ理論　85, 96
採用選考に関する企業の倫理憲章　81, 83
サンプリング・バイアス　62, 81
時間的展望　29-30, 38-39
仕事観　23-26
自尊心　105
地元志向　132-36, 139-42
社会人基礎力　17
社会的ネットワーク　61
就職活動不安　102
就職基礎能力（YES プログラム）　17
就職情報サイト　18, 31, 38, 45, 48, 62, 80,
　　89, 105, 119, 134, 148, 164
就職プレミアム　76-77, 93
修正拡大家族（modified extended family）
　　154
集団就職者　80
職業アイデンティティ　29
職業不決断　102, 117
職業未決定　102
自律的な学び　71
新規学卒労働市場　75-76, 79, 84, 87
新規大学院卒労働市場　77, 79, 81
スクリーニング効果　89
性別役割分業　159, 161-62
性別役割分業意識　159, 161-63
ソーシャル・ネットワーク　43-44, 48, 55,

60-61, 68, 69, 70-71, 72
ソーシャル・ネットワーク形成　6
ソーシャル・ネットワーク資源　43

た 行

大学院重点化政策　75
地域若者サポートステーション　17
知識産業【本文は知識職業】　94
知識労働者　94
地（知）の拠点整備事業　131
地（知）の拠点大学による地方創生推進事業（COC+）　131-32
中小企業とのミスマッチ論　16
チュートリアル・システム　58
長男子単独相続　146
強い紐帯　43
ティーチング・アシスタント　58

は 行

パーソナリティ　103, 160
パーソナリティの安定　104
パターナリズム　68-69
ハローワーク　18
B to C　19
B to B　19
非選抜型大学　59
一人稼ぎ専業主婦世帯　166, 171, 172

平等主義的性役割態度　161-62
平等主義的性役割態度スケール短縮版（SESRA-S）　161
ファシリテーション方法　71
ベース（基地）　105
保護者向けガイダンス　101, 114, 117, 132

ま 行

マージナル大学　59-60
まち・ひと・しごと創生総合戦略　131, 156
まち・ひと・しごと創生本部　131, 145
ミンサー型賃金関数　78
ゆとり教育世代　57

や 行

弱い紐帯　43

ら 行

ランダム・サンプリング　62, 81
リーマンショック　15-17, 24, 26, 176

わ 行

ワーク・ライフ・バランス支援施策　171
若者雇用戦略　18
若者自立・挑戦会議　17

大学生の内定獲得
就活支援・家族・きょうだい・地元をめぐって

2019 年 2 月 8 日　初版第 1 刷発行

編著者　　梅崎修／田澤実
発行所　一般財団法人　法政大学出版局
〒102-0071　東京都千代田区富士見 2-17-1
電話 03 (5214) 5540　振替 00160-6-95814
組版：HUP　印刷：三和印刷　製本：根本製本
© 2019　Osamu Umezaki, Minoru Tazawa *et al.*
Printed in Japan

ISBN978-4-588-68608-5

●編著者

梅崎　修 （うめざき・おさむ）　　　　　　　　　　　　　　　　　　　［担当：全章］

大阪大学経済学研究科博士後期課程修了。法政大学キャリアデザイン学部教授。博士（経済学）。主な業績：『大学生の学びとキャリア——入学前から卒業後までの継続調査の分析』（共編著，法政大学出版局，2013 年），『教育効果の実証——キャリア形成における有効性』（共編著，日本評論社，2013 年）。

田澤　実 （たざわ・みのる）　　　　　　　　　　　　　　　　　　　　　　　［全章］

中央大学大学院文学研究科博士後期課程単位取得退学。法政大学キャリアデザイン学部准教授。博士（心理学）。主な業績：『大学生の学びとキャリア——入学前から卒業後までの継続調査の分析』（共編著，法政大学出版局，2013 年），『詳解　大学生のキャリアガイダンス論——キャリア心理学に基づく理論と実践』（共著，金子書房，2012 年）。

●著 者

林絵美子 （はやし・えみこ）　　　　　　　　　　　　　　　　　　　　　［第 1 章］

法政大学大学院経営学研究科修士課程修了。キャリアコンサルタント。主な業績：『教育効果の実証——キャリア形成における有効性』（共著，日本評論社，2013 年）。

児美川孝一郎 （こみかわ・こういちろう）　　　　　　　　　　　　　　　　　［第 1 章］

東京大学大学院教育学研究科博士課程単位取得退学。法政大学キャリアデザイン学部教授。主な業績：『まず教育論から変えよう』（太郎次郎社エディタス，2015 年）。

柿澤寿信 （かきざわ・ひさのぶ）　　　　　　　　　　　　　　　　　　　　［第 3 章］

大阪大学大学院経済学研究科博士後期課程単位修得退学。大阪大学全学教育推進機構講師。主な業績：「転職時賃金決定における個別交渉の効果」（共著，『日本労働研究雑誌』No. 632，2013 年）。

平尾智隆 （ひらお・ともたか）　　　　　　　　　　　　　　　　［第 4 章・第 5 章］

立命館大学大学院経済学研究科博士課程後期課程単位取得退学。摂南大学経済学部准教授。主な業績：『教育効果の実証——キャリア形成における有効性』（共編著，日本評論社，2013 年）。

斎藤嘉孝 （さいとう・よしたか）　　　　　　　　　　　　　　　［第 6 章・第 9 章］

ペンシルベニア州立大学大学院博士課程修了。法政大学キャリアデザイン学部教授。主な業績：『親になれない親たち——子ども時代の原体験と，親発達の準備教育』（新曜社，2009 年）。

湯川志保 （ゆかわ・しほ）　　　　　　　　　　　　　　　　　　　　　［第 10 章］

大阪大学大学院国際公共政策研究科博士後期課程修了。帝京大学経済学部講師。主な業績：「結婚が家計の労働供給に与える影響」（『内閣府経済社会総合研究所　経済分析』第 197 号，2018 年）。

大学生の学びとキャリア

梅崎修・田澤実 編著 ……………………………………………… 2800 円

キャリアデザイン学のすすめ

笹川孝一 著 ……………………… キャリアデザイン選書　2800 円

メディア情報教育学　異文化対話のリテラシー

坂本旬 著 …………………………… キャリアデザイン選書　2500 円

多文化教育　I

山田泉 著 ……………………… キャリアデザイン選書　2400 円

教育を原理する　自己にたち返る学び

筒井美紀・遠藤野ゆり 著 ……………… キャリアデザイン選書　2400 円

アントレプレナーシップとシティズンシップ

小門裕幸 著 ………………………… キャリアデザイン選書　2600 円

職業とキャリア

八幡成美 著 …………………………… キャリアデザイン選書　2300 円

若者とアイデンティティ

児美川孝一郎 著 ……………………… キャリアデザイン選書　2300 円

学校と人間形成　学力・カリキュラム・市民形成

佐貫浩 著 ……………………………… キャリアデザイン選書　2500 円

人材育成論入門

川喜多喬 著 …………………………… キャリアデザイン選書　2000 円

生涯学習社会とキャリアデザイン

笹川孝一 編 ……………………………………………………… 2600 円

表示価格は税別です

若者問題と教育・雇用・社会保障

樋口明彦・上村泰裕・平塚眞樹 編著 ……………………… 5000 円

福祉国家と家族

法政大学大原社会問題研究所，原伸子 編著 ………………… 4500 円

戦時期の労働と生活

法政大学大原社会問題研究所，榎一江 編著 ………………… 4800 円

近代都市の下層社会　東京の職業紹介所をめぐる人々

町田祐一 著 …………………………………… サピエンティア 3400 円

「労働」の社会分析　時間・空間・ジェンダー

M. グラックスマン／木本喜美子 監訳 ……………………… 3400 円

移民・マイノリティと変容する世界

宮島喬・吉村真子 編著 ………………… 現代社会研究叢書 3800 円

東アジアの公務員制度

武藤博己・申龍徹 編著 ………… 法政大学現代法研究所叢書 4200 円

歴史のなかの消費者　日本における消費と暮らし 1850-2000

P. フランクス，J. ハンター 編／中村尚史・谷本雅之 監訳 ………… 4400 円

女性電信手の歴史　ジェンダーと時代を超えて

T. C. ジェプセン／高橋雄造 訳 ……………………………… 3800 円

近代日本の公衆浴場運動

川端美季 著 ………………………………………………… 5800 円

看護制度と政策

野村陽子 著 ………………………………………………… 5300 円

表示価格は税別です

自由という広場 法政大学に集った人々

田中優子 著 ……………………………………………………………… 1500 円

持続可能なエネルギー社会へ

舩橋晴俊・壽福眞美 編著 ……………………………………………… 4000 円

「エネルギー計画 2050」構想 脱原子力・脱炭素社会にむけて

壽福眞美，法政大学サステイナビリティ研究センター 編 ………… 2800 円

参加と交渉の政治学 ドイツが脱原発を決めるまで

本田宏 著 …………………………………………………………………… 2600 円

脱原発の比較政治学

本田宏・堀江孝司 編著 ………………………………………………… 2700 円

震災と地域再生 石巻市北上町に生きる人びと

西城戸誠・宮内泰介・黒田暁 編 ……………………………………… 3000 円

原発震災のテレビアーカイブ

小林直毅 編／西田善行・加藤徹郎・松下峻也・西兼志 著 ………… 4200 円

市民の外交 先住民族と歩んだ 30 年

上村英明・木村真希子・塩原良和 編著・市民外交センター 監修 … 2300 円

ウォー・ギルト・プログラム GHQ 情報教育政策の実像

賀茂道子 著 ……………………………………………………………… 5200 円

島の地理学 小さな島々の島嶼性

S. A. ロイル／中俣均 訳 ……………………………………………… 4100 円

費用便益分析入門 ハーバーガー経済学・財政学の神髄

A. C. ハーバーガー／関口浩 訳 …………………………………… 4200 円

表示価格は税別です